D1754875

Tanja Dostal hat Ernährungswissenschaften studiert und anschließend mehrere Jahre bei einem Ratgeberverlag für Koch- und Gesundheitskochbücher als Redakteurin gearbeitet. Seit 2000 ist sie freiberuflich für verschiedene Verlage in den Bereichen Essen und Trinken sowie Ernährung tätig. Zu ihrer Arbeit als Foodautorin gehören u.a. das Verfassen und Lektorieren von Texten sowie das Entwickeln von Rezepten. Bereits seit mehreren Jahren ist sie im Besitz eines Thermomixes, möchte ihn nicht mehr missen und kocht leidenschaftlich gerne in diesem Wunderkessel.

KOCHEN MIT DEM THERMOMIX

Leicht & lecker abnehmen

TANJA DOSTAL

Zeit für mich

Wir geben Ihnen nicht nur tolle Rezepte an die Hand – sondern schenken Ihnen auch noch Zeit für sich! Das Herz-Icon zeigt Ihnen an, wie lange Sie die Beine hochlegen oder ein Tässchen Kaffee genießen können, während der Thermomix für Sie arbeitet.

Die Rezepte in diesem Buch wurden mit dem TM 5 entwickelt – sie funktionieren aber auch im TM 31!

Werden Sie die Queen in Ihrer Küche – die Krönchen bei den Rezepten zeigen Ihnen den Schwierigkeitsgrad an: von ganz unkompliziert ♛ bis etwas anspruchsvoller ♛♛♛.

LIEBE LESERIN, LIEBER LESER! 7

Schlanke Küche mit dem Thermomix

WUNSCHGEWICHT AUF DIE LEICHTE ART 10
AUF ZUTATEN UND ZUBEREITUNG KOMMT ES AN 10
KALORIENARM UND LEICHT VON MORGENS BIS ABENDS 10
AUSGEWOGENE ERNÄHRUNG IST WICHTIG 11
SO WIRD ABNEHMEN LEICHTER 12
WIE SIEHT EINE VERNÜNFTIGE ERNÄHRUNG AUS? 13
WAS KANN ICH NOCH TUN? 15
FEHLT NOCH WAS? BEILAGEN 18
TRICKS UND KNIFFS BEIM UMGANG MIT DEM THERMOMIX 19
REINIGUNG 20

Die Rezepte

FRÜHSTÜCK 24
SUPPEN UND SALATE 42
VEGETARISCHE GERICHTE 58
FISCH UND FLEISCH 72
KUCHEN UND DESSERTS 90
AUFSTRICHE, SAUCEN UND GETRÄNKE 106

Extras

WENN DER KLEINE HUNGER KOMMT … 16
FRISCH ZUBEREITET – KOCHEN OHNE FIXPRODUKTE 36
HEUTE WIRD ES SAFTIG! DER SMOOTHIE-TAG 62
WELLNESS AT HOME 82
ESSEN IM BÜRO 122

REZEPT- UND ZUTATENVERZEICHNIS 134

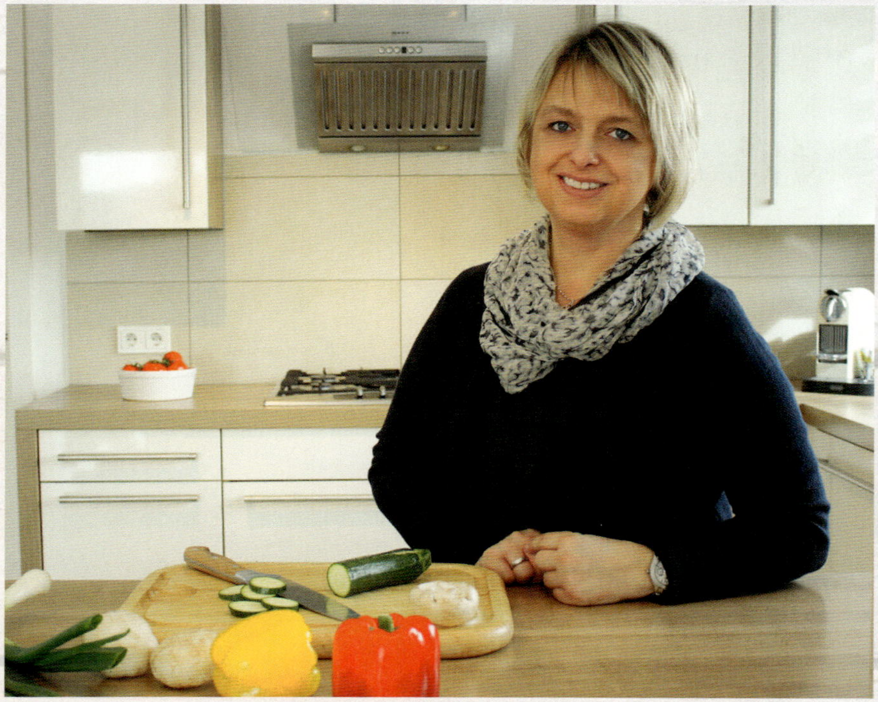

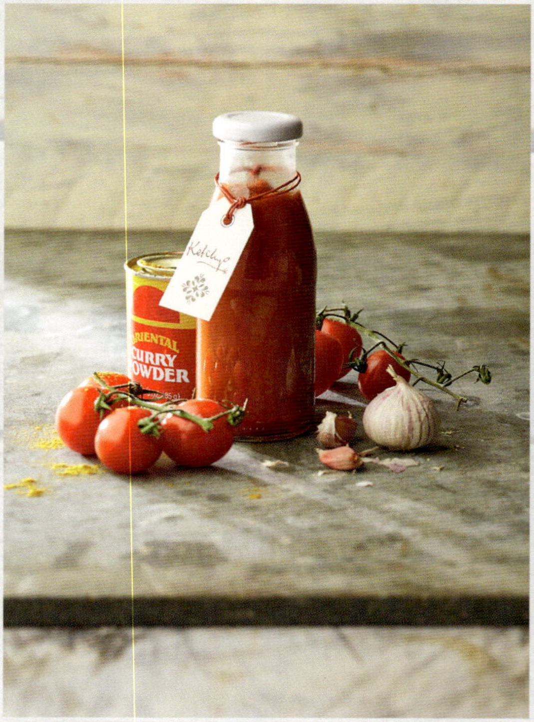
RIENTAL
CURRY
OWDER

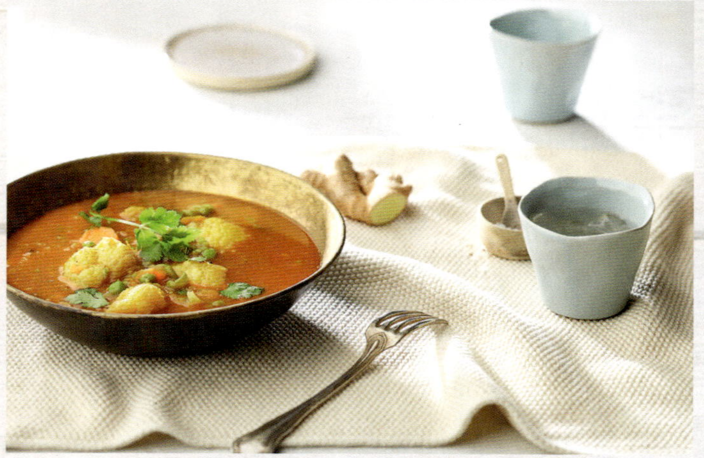

Liebe Leserin, lieber Leser!

Zugegeben, ich stand diesem Wundergerät, das mit seinen Multifunktionen als Alleskönner angepriesen wird, lange Zeit skeptisch gegenüber. Denn viele Küchengeräte, die der Thermomix in sich vereint, gehörten bereits zu meiner Küchenausstattung. Ein elektrisches Rührgerät, ein Mixer oder ein Zerkleinerer befinden sich doch in fast jedem Haushalt. Warum also sich noch ein zusätzliches Gerät in die Küche stellen? Nachdem jedoch einige Freunde und Bekannte sich für den Kauf eines Thermomix entschieden hatten und nur so von ihm schwärmten, ließ ich mich davon überzeugen und mitreißen. Ich kaufte mir also ein Gerät und habe es bis heute nicht bereut. Schnell nahm der Thermi Platz 1 unter meinen Küchengeräten ein. Er ist fast täglich im Einsatz, nicht selten sogar mehrmals am Tag. Dabei bereite ich nicht nur ganze Mahlzeiten für meine Familie darin zu, sondern verwende ihn oftmals auch zum Zuarbeiten, indem ich darin z. B. Gemüse zerkleinere oder eine Sauce zubereite, die ich zu einem Hauptgericht serviere.

Durch den Thermomix habe ich viele neue Rezepte ausprobiert. Besonders die leichte Küche hat es mir angetan. Fett einzusparen und somit auf Kalorien zu verzichten gelingt im Thermomix sehr gut. Vor allem durch das Dampfgaren im Garkörbchen oder im Varoma werden Speisen mit wenig Fett und zudem nährstoffschonend zubereitet. Man muss auch beim Abnehmen nicht auf geliebte Leckereien verzichten – und das gilt auch für Süßes! Mit dem Thermomix können Sie z. B. Eis auf leichte Art herstellen. Schnell, einfach und ganz ohne Eismaschine.

Das Backen mit dem Thermomix macht mir ebenso großen Spaß. Durch sein kräftiges Rührwerk werden die Teige schön locker und fluffig. Leichte, figurfreundliche Kuchen und Gebäckvariationen schmecken dadurch nochmal so gut. Und wenn Sie wie ich ein Freund von Vollkornbrot oder -gebäck sind, werden Sie auch davon begeistert sein, ihr Vollkornmehl im Thermomix frisch mahlen zu können. Es ist wirklich unglaublich, wie einfach es ist, mit dem Thermomix Brot zu backen.

Für dieses Buch habe ich über 120 leichte und leckere Rezepte zusammengestellt, die mit dem Thermomix im Nu zubereitet sind. Vom Frühstück bis hin zum kleinen Snack finden Sie zahlreiche Ideen, die Ihnen beim Abnehmen helfen. Dabei bin ich keiner speziellen Diät gefolgt, sondern habe jedes Rezept so kalorienarm gestaltet, dass es nicht mehr als 500 kcal pro Person mitbringt.

Ich wünsche Ihnen nun viel Spaß und guten Appetit beim Ausprobieren der Rezepte!

Herzlichst
Ihre Tanja Dostal

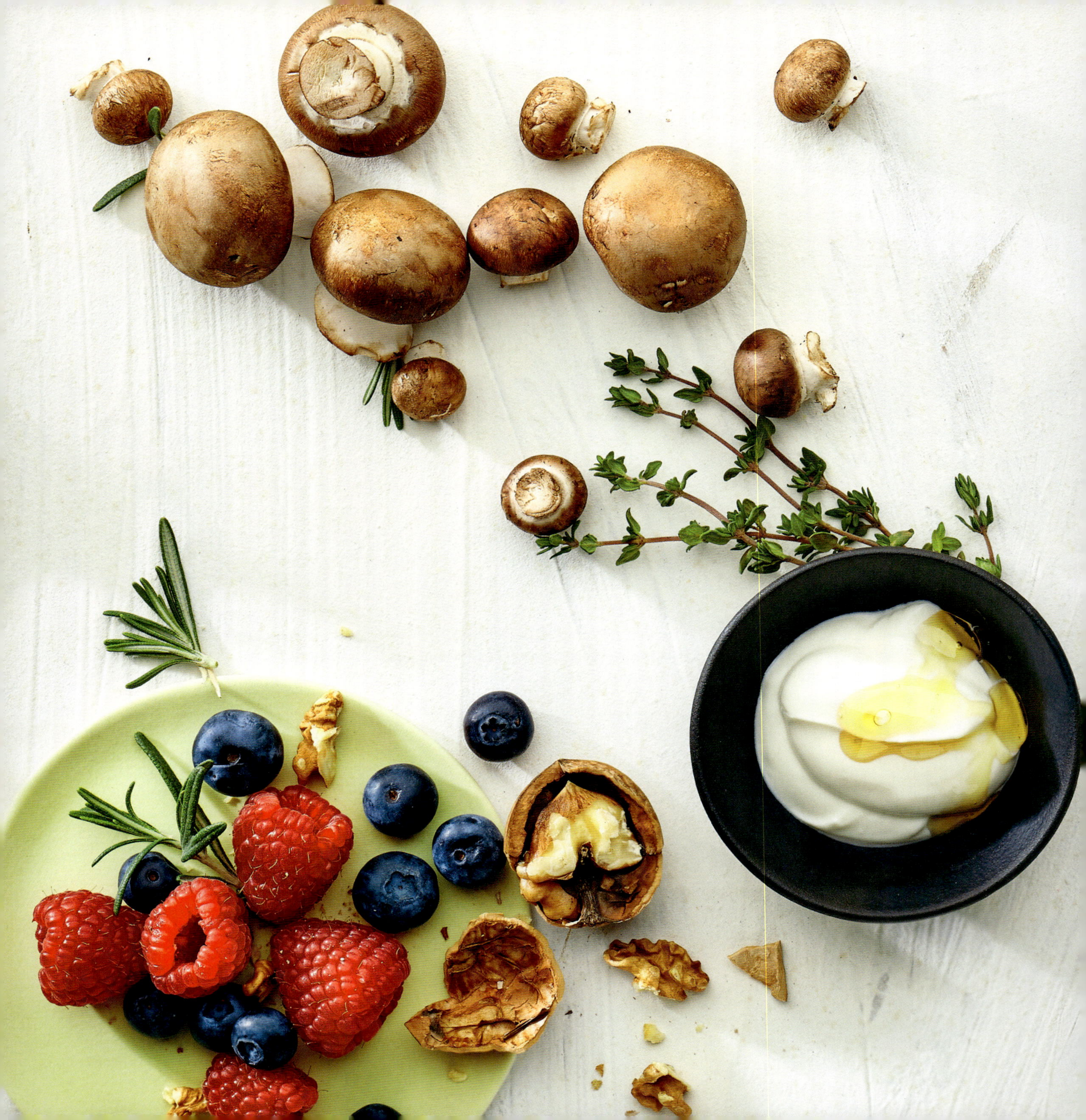

Schlanke Küche mit dem Thermomix

Wunschgewicht auf die leichte Art

GANZ EINFACH MIT UNSEREN FIGURFREUNDLICHEN REZEPTEN – UND MIT IHREM THERMOMIX, IN DEM SICH ALLE GERICHTE KINDERLEICHT ZUBEREITEN LASSEN.

Sie sind, genauso wie ich, stolzer Besitzer eines Thermomix und haben sicherlich schon die Vorteile dieses Wunderkessels ausreichend kennen – und lieben gelernt. Einmal Fan – immer Fan. Stets hilfsbereit steht er Ihnen jederzeit zum Rühren, Zerkleinern, Pürieren, Kneten, Mahlen, Kochen und Dampfgaren zur Verfügung. Mit ihm lassen sich Speisen nicht nur schnell und einfach zubereiten, er hilft Ihnen auch, sich gesund, natürlich und figurbewusst zu ernähren. Mit dem Thermomix können Sie vieles selbst herstellen, da fällt es nicht schwer, auf das große Angebot an Fertigprodukten oder Fastfood zu verzichten. Ein leckerer Dip zum Abendbrot oder ein Pesto zur Pasta sind schnell gemacht. Und das ganz ohne jegliche Zusatzstoffe oder große Mengen an Zucker und Fett, wie sie in den meisten Fertigprodukten enthalten sind.

AUF ZUTATEN UND ZUBEREITUNG KOMMT ES AN

Eine Funktion des Thermomix schätze ich ganz besonders – das Dampfgaren. Dabei werden die Speisen im Garkörbchen oder im Varomaaufsatz schonend gegart, sodass wertvolle Vitamine und Mineralstoffe erhalten bleiben. Das merkt man auch am Geschmack, und kaloriensparend ist diese Zubereitungsmethode ganz nebenbei auch noch, denn auf Fett kann man hier verzichten. Mit der Dampfgarfunktion lassen sich sogar mehrere Speisen gleichzeitig zubereiten. So garen Sie z. B. das Gemüse im Garkörbchen und den Fisch im Varoma. Aus der Garflüssigkeit zaubern Sie anschließend noch schnell eine leckere Sauce.

KALORIENARM UND LEICHT VON MORGENS BIS ABENDS

Mit dem Thermomix ist es ein Kinderspiel, sich gesund zu ernähren und darüber hinaus auch noch ganz einfach einige überschüssige Pfunde loszuwerden. Meine über 120 Rezepte in diesem Buch helfen Ihnen dabei, Ihr Wunschgewicht zu erreichen und zu halten, ohne auf Genuss zu verzichten. Die Gerichte lassen sich alle schnell und einfach im Thermomix zubereiten, was heutzutage, wo Zeit ein wertvolles Gut ist, besonders wichtig ist. Denn nur, wenn die Voraussetzungen stimmen, klappt es auch mit dem Abnehmen!

Bereits zum Frühstück kommt das Wundertöpfchen zum Einsatz. Er knetet Ihre Brötchen oder zaubert Ihnen ein köstliches Müsli. Ich mixe mir morgens am liebsten einen leckeren Smoothie aus Früchten und Gemüse. Das Mittag- und Abendessen haben Sie ebenso im Handumdrehen zubereitet wie leckere Kuchen, Desserts und Snacks für zwischendurch.

Abwechslungsreich abnehmen
Alle Gerichte kommen leicht daher und haben nicht mehr als 500 Kalorien pro Portion. Sie folgen keiner speziellen Diät, sondern sind durch die Auswahl der Zutaten und die Zubereitungsmethoden kalorienarm. Denn der Schlüssel zum Erfolg beim Kampf gegen die lästigen Pfunde ist, weniger Kalorien aufzunehmen, als der Körper verbraucht. Dabei ist es jedoch von Wichtigkeit, sich nicht einseitig zu ernähren. Auf Dauer ist das nicht gesund für den Körper. Und weil Sie Ihr Wunschgewicht ja auch langfristig halten wollen, soll Ihnen das Essen nicht langweilig werden, sondern schmecken.

Viele Diäten bieten jedoch wenig Abwechslung, was die Lebensmittelauswahl angeht. Nach spätestens einigen Wochen haben Sie diese Ernährungsweise satt und die Gefahr, dass Sie wieder ins alte Essverhalten zurückfallen, ist doch recht groß. Hinzu kommt, dass der berühmte Jo-Jo-Effekt Ihnen nach der erfolgreichen Diät oftmals einen Strich durch die Rechnung macht und Sie nach einiger Zeit sogar mehr Pfunde auf die Waage bringen als vor der Diät.

AUSGEWOGENE ERNÄHRUNG IST WICHTIG

Es ist also wichtig, sich dauerhaft ausgewogen zu ernähren, um langfristig sein Wohlfühlgewicht zu erreichen und zu halten. Je langsamer Sie Ihr Wunschgewicht erreichen, desto besser können Sie es auf Dauer auch beibehalten. Der Körper kann sich so einfacher an den neuen »Zustand« gewöhnen. Außerdem verinnerlichen Sie die neue Ernährungsweise besser. Es wird für Sie selbstverständlich werden, sich gesund zu ernähren. Auch der Heißhunger auf Süßes, der jeden hin und wieder heimsucht, wird abnehmen. Jedes verlorene Pfund bringt Sie nicht nur näher ans Ziel, sondern gibt Ihnen ein Stück mehr Zufriedenheit mit Ihrem Körper und motiviert Sie, weiterzumachen.

Nehmen Sie sich nicht zu viel vor, sondern teilen Sie den Weg zu Ihrem großen Ziel – dem Abnehmen – in kleine Schritte ein. Und belohnen Sie sich, wenn Sie wieder ein Etappenziel erreicht haben. Das wird Sie motivieren, am Ball zu bleiben und den nächsten Schritt zu gehen.

SO WIRD ABNEHMEN LEICHTER

Nehmen Sie sich also nicht gleich eine Marathonstrecke vor. Teilen Sie den Weg zu Ihrem großen Ziel in kleine Etappen ein. Wenn Sie ein Zwischenziel erreicht haben, gönnen Sie sich etwas Schönes. Motivation ist ganz wichtig, um am Ball zu bleiben. Vielleicht hängen Sie ein Bild mit Ihrer Belohnung an den Kühlschrank. Die größte Belohnung werden Sie ohnedies im Spiegel und auf der Waage feststellen. Glauben Sie an sich und seien Sie auch nicht zu streng, wenn z. B. eine Einladung zum Geburtstag oder ein Essen mit Freunden angesagt ist. Halten Sie sich einfach einen Tag davor oder danach etwas zurück. Legen Sie dann z. B. einen Smoothie-Tag ein. Auch eine zusätzliche Bewegungseinheit, wie z. B. ein Besuch im Schwimmbad oder eine Joggingrunde mit einer Freundin, verschafft Ihnen ein kleines Polster für zusätzliche Kalorien. Da unser Gewicht täglich schwankt, bei Frauen auch zyklusbedingt, ist zu häufiges Wiegen nicht sinnvoll. Dennoch sollten Sie der Waage regelmäßig einen Besuch abstatten. Legen Sie z. B. einen festen Tag in der Woche dafür fest, denn jedes Kilo weniger motiviert ungemein. Messen Sie ruhig auch mal Ihren Bauchumfang, auch dieser wird sich nach einigen Wochen positiv verändert haben.

Wie viele Kalorien brauche ich?

Unser Körper verbraucht ständig Energie, auch wenn wir uns nicht bewegen oder wenn wir schlafen. Er benötigt diese Energie, um alle wichtigen Organ- und Zellfunktionen aufrechtzuhalten, wie Atmung, Herztätigkeit oder Körpertemperatur. Die Energiemenge, die der Körper pro Tag beansprucht, um bei Zimmertemperatur und bei völliger Ruhe diese Funktionen aufrechtzuerhalten, nennt man Grundumsatz. Bewegen wir uns und fordern unsere Muskeln, benötigen wir zusätzliche Energie. Diese bezeichnet man als Leistungsumsatz.

Den Grundumsatz berechnen

Der Grundumsatz ist nicht bei allen Menschen gleich. Er hängt von verschiedenen Faktoren wie Alter, Geschlecht und Gewicht ab. Sie können Ihren Grundumsatz in kcal/24 Std. mit Hilfe folgender Faustformel annähernd berechnen:
Männer: 1,0 x Gewicht (kg) x 24
Frauen: 0,8 x Gewicht (kg) x 24

Den Leistungsumsatz berechnen

Der Leistungsumsatz ist abhängig von der Schwere der körperlichen Aktivität. Wer eine überwiegend sitzende Tätigkeit ausübt, hat

Pal-Wert	Tätigkeit	Beispiele
0,95	Schlafen	
1,2	ausschließlich sitzend oder liegend	alte, gebrechliche Menschen
1,4–1,5	fast ausschließlich sitzend	Schreibtischtätigkeit
1,6–1,7	überwiegend sitzend sowie zusätzlich stehend oder gehend	Kraftfahrer, Studenten, Fließbandarbeiter
1,8–1,9	gehend oder stehend	Hausfrauen, Verkäufer, Handwerker
2,0–2,4	körperlich anstrengend	Bauarbeiter, Landwirte, Leistungssportler

zum Beispiel einen geringeren Leistungsumsatz als ein Bauarbeiter, der den ganzen Tag schwere Arbeiten erledigt. Die Summe von Grundumsatz und Leistungsumsatz ergibt Ihren Gesamtenergiebedarf pro Tag. Um diesen zu berechnen, wird der Grundumsatz mit dem sogenannten PAL-Wert (physical activity level = körperliches Aktivitätsniveau) multipliziert. Bestimmte körperliche Tätigkeiten werden einem bestimmten PAL-Wert zugeordnet. Aus der Tabelle auf Seite 12 können Sie den für Sie zutreffenden PAL-Wert entnehmen.

Wie viel sollte ich wiegen?
Heute berechnet man das Körpergewicht meist über den Body-Mass-Index (BMI). Dieser setzt das Körpergewicht zur Körpergröße ins Verhältnis. Er berechnet sich nach folgender Formel:

$$BMI = \frac{Körpergewicht\ (kg)}{Körpergröße\ (m)^2}$$

Der wünschenswerte BMI ist abhängig vom Alter. Je älter Sie sind, desto mehr dürfen Sie wiegen.
Allerdings kommt es bei der Beurteilung des Körpergewichts auch auf die Fettverteilung an. Es ist von Bedeutung, wie das vorhandene Fett am Körper verteilt ist. Sicherlich haben Sie schon vom Apfel-oder Birnentyp gehört. Beim Apfeltyp sitzt das Fett vorwiegend im Bauchbereich, beim Birnentyp finden wir es vermehrt an den Oberschenkeln und am Gesäß. Das Bauchfett ist besonders gefährlich, was das Risiko für Herz-Kreislauf-Erkrankungen angeht. Daher sollte der Bauchumfang bei Frauen nicht über 88 cm, bei Männern nicht über 102 cm liegen.

Wie nehme ich denn jetzt erfolgreich ab?
Die schlechte Nachricht zuerst: Wenn Sie auf Dauer Ihr Wunschgewicht halten wollen, hilft nur, Ihr Essverhalten dauerhaft zu ändern. Mit einer Crash-Diät haben Sie zwar

Alter	Empfohlener Body-Mass-Index (BMI)
19–24	19–24
25–34	20–25
35–44	21–26
45–54	22–27
55–65	23–28
über 65	24–29

kurzfristig Erfolg, danach schleichen sich aber in der Regel wieder nach und nach alte Gewohnheiten ein.
Doch jetzt kommt die gute Nachricht: Mit einer veränderten Ernährung gewöhnen Sie sich langsam an den »neuen Geschmack«. Sie werden merken, dass zu viel Fett oder zu viel Zucker Ihnen gar nicht mehr schmeckt und Ihnen auch nicht so gut bekommt. Sie werden aufmerksamer werden, was Ihren Körper betrifft. Dies kann eine Diät über 1 oder 2 Wochen nicht bewirken. Hinzu kommt noch der gefürchtete Jo-Jo-Effekt, der dazu führt, dass die Waage nach kurzer Zeit noch mehr Kilos als vor der Diät anzeigt. Somit sind Frust und weitere Fressattacken programmiert.

WIE SIEHT EINE VERNÜNFTIGE ERNÄHRUNG AUS?
Frisch und abwechslungsreich sollte eine gesunde und figurfreundliche Ernährung sein. Damit sind schon zwei wesentliche Bedingungen für die dritte Voraussetzung erfüllt: Es soll schmecken! Nur so können Sie Ihren Abnehmerfolg auf Dauer beibehalten.

Frisch und saisonal
In Ihrer täglichen Nahrung sollten frisches Obst und Gemüse eine wesentliche Rol-

Sie haben keine Zeit zum Kochen, deshalb geht es nicht ohne Fastfood? Diese Ausrede zählt nicht mehr, denn Sie haben einen Thermomix! Er nimmt ihnen nicht nur Arbeit ab, sondern unterstützt Ihre leichte Küche auch mit schonenden und figurfreundlichen Garmethoden.

le spielen. Achten Sie, wenn möglich, auf Bio-Qualität und kaufen Sie Obst und Gemüse während ihrer Saison. Es muss nicht rund ums Jahr Erdbeeren geben, auch wenn der Supermarkt sie anbietet. Kaufen Sie beim Obst- oder Gemüsebauern oder auf dem Markt ein. Somit können Sie sich sicher sein, dass die Ware frisch ist und Sie einen Beitrag für unsere saubere Umwelt leisten. Gerade das Stöbern auf dem Markt kann richtig Spaß machen und facht vielleicht Ihre Entdeckerlust nach unbekannten Obst- und Gemüsesorten an. Oder Sie legen sich, wenn Sie können, einen kleinen Garten an. Diese selbstangebauten Früchte schmecken noch mal so gut.

Vollwertig, vitamin- und mineralstoffreich
Ersetzen Sie so oft wie möglich Weißmehlprodukte durch Alternativen aus dem vollen Korn. Denn das hat es in sich. Wertvolle Mineralstoffe, Vitamine, Öle und Ballaststoffe gehen nämlich bei der Verarbeitung zum Weißmehl verloren. Sie werden sich schnell an den kräftigeren Geschmack gewöhnen und den langen Sättigungseffekt von Vollkornprodukten zu schätzen lernen. Aber Achtung – nicht jedes Brötchen oder Brot mit Körnern obendrauf ist ein Vollkornbrötchen. Fragen Sie beim Bäcker nach!

Auf die Fette kommt es an
Nehmen Sie Fett in Maßen auf. Fettarme Milchprodukte, magere Fleisch- und Wurstsorten sollten Sie bevorzugen. Schauen Sie auf die Nährwertangaben auf der Verpackung oder fragen Sie beim Metzger nach fettarmen Sorten.
Bevorzugen Sie gesunde Fette, also jene, die reich an ungesättigten Fettsäuren sind. Dazu zählen z. B. Raps- und Olivenöl. Sie wirken sich positiv auf das Herz-Kreislauf-System aus. Dieser Effekt ist umso stärker, wenn gesättigte Fettsäuren gegen ungesättigte Fettsäuren ausgetauscht werden. Gesättigte Fettsäuren stecken vor allem in tierischen Produkten wie Butter, Hartkäse, Fleisch und Wurst.
Achten Sie auf versteckte Fette! Diese sind, im Gegensatz zum Fettrand am Schinken, mit dem bloßen Auge nicht zu erkennen. Sie finden sich z. B. in Kuchen, Käse, Schokolade, Pommes sowie vielen Fertig- und Fastfoodgerichten.

Zuckerarm
Reduzieren Sie Ihren Zuckerkonsum und entwöhnen Sie Ihren Körper vom süßen Geschmack. Hin und wieder ein Stück Schokolade muss aber selbstverständlich erlaubt sein!

Hier zählt mehr Klasse als Masse. Bevorzugen Sie dunkle Schokoladensorten mit mindestens 70 % Kakaoanteil.

Wenig Alkohol
Alkohol sollten Sie in Maßen genießen oder am besten darauf verzichten. Er enthält viele Kalorien. Zusätzlich hemmt Alkohol den Fettstoffwechsel und spornt unseren Körper dazu an, neue Fettdepots anzulegen. Trinken Sie Alkohol nur zu besonderen Anlässen und achten Sie dabei darauf, was Sie trinken. Cocktails oder andere Mixgetränke enthalten neben dem Alkohol noch eine Menge Kohlenhydrate in Form von Zucker und somit Kalorien.

Flüssigkeitszufuhr
Trinken Sie viel! Am besten Wasser oder ungesüßte Tees. Wussten Sie, dass ein Glas Apfelsaft mit ca. 150 kcal genau so viel Kalorien und Zucker hat wie ein Glas Cola?

Besser selbst gemacht
Verzichten Sie auf Fastfood und Fertiggerichte. Die Ausrede, keine Zeit zum Kochen zu haben, zählt nicht mehr – Sie haben einen Thermomix. Kochen Sie vor oder bereiten Sie gleich die doppelte Portion zu und frieren Sie

diese ein. So brauchen Sie auch an stressigen Tagen nicht auf gesunde Küche zu verzichten.

Essen außer Haus
Restaurantbesuche sind natürlich erlaubt. Dennoch – wählen Sie auch hier die fettarmen Speisen aus, zum Beispiel ein schönes Steak, das auf fast jeder Karte zu finden ist. Fragen Sie nach einer kleineren Portion und bestellen sich noch einen großen Salat dazu.

WAS KANN ICH NOCH TUN?
Wenn Sie diese allgemeinen Regeln für eine gesunde Ernährung einhalten, haben Sie schon die besten Voraussetzungen für eine Gewichtsreduzierung geschaffen. Sie können aber noch mehr für sich tun, um dauerhaft Ihr Gewicht zu reduzieren.

Längere Pausen zwischen den Mahlzeiten!
Geben Sie Ihrem Organismus genügend Zeit, die aufgenommene Nahrung zu verdauen. Ideal sind 4 bis 5 Stunden zwischen den einzelnen Mahlzeiten. In dieser Zeit sollten Sie nichts außer Wasser oder ungesüßte Tees zu sich nehmen. Durch Nahrungsaufnahme, vor allem durch die Aufnahme von Kohlenhydraten, wird das Hormon Insulin ins Blut ausgeschüttet. Dieses bewirkt, dass die Kohlenhydrate in die Zellen aufgenommen werden.

Gleichzeitig ist jedoch die Fettverbrennung bei einem hohen Insulinspiegel gehemmt. Deshalb ist es wichtig, dass der Insulinspiegel im Blut wieder auf Normalniveau absinkt, damit der Körper auch an seine Fettreserven geht. Dies geschieht jedoch nicht, wenn man ständig nascht. Versuchen Sie mal, 4 bis 5 Stunden zwischen den Mahlzeiten nichts zu essen. Sollten Sie damit noch Schwierigkeiten haben – nicht so schlimm. Im Buch finden Sie tolle Ideen für Gesunde Snacks für zwischendurch z.B. auf Seite 16.

Bewegen Sie sich!
Treiben Sie Sport! Je mehr Ihre Muskeln arbeiten, desto mehr Kalorien verbrennen sie. Mit der Zeit bauen Sie weitere Muskeln auf. Dadurch erhöht sich Ihr Grundumsatz und Sie verbrennen mehr Kalorien – sogar im Schlaf. Besonders im Alter schwindet immer mehr Muskelmasse, wenn regelmäßige Muskelbelastungen ausbleiben. Dies hat zur Folge, dass der Grundumsatz sinkt und Sie zunehmen, obwohl Sie vielleicht genauso viel essen wie in jungen Jahren. Mit sportlicher Betätigung können Sie diesem Effekt entgegentreten.

Natürlich wirken sich sportliche Aktivitäten auch auf den Leistungsumsatz aus. Besonders Ausdauersportarten wie Radfahren, Laufen oder Schwimmen sind ideal, denn sie kurbeln nicht nur den Fettabbau an, sondern stärken auch Ihr Herz-Kreislauf-System. Selbst nach dem Training verbraucht der Körper eine Zeit lang noch vermehrt Kalorien, denn durch die sportliche Betätigung wird der Stoffwechsel aktiviert. Dies nennt man auch den »Nachbrenneffekt«.
Gemeinsam Sport treiben macht mehr Spaß und erhöht die Motivation. Schließen Sie sich einer Gruppe an, treten Sie im Sportverein ein oder statten Sie dem nächsten Fitnesscenter einen Besuch ab. Fragen Sie bei Ihrer Krankenkasse nach, inwieweit diese Sport- und Fitnesskurse anbietet oder finanziell unterstützt.

Schlafen Sie ausreichend!
Noch leichter geht Abnehmen nicht. Schlafen Sie Ihre überflüssigen Pfunde einfach weg. Denn während wir uns nachts erholen, arbeitet unser Körper. Zahlreiche Reparaturprozesse finden statt und dafür benötigt der Organismus Energie. Diese holt er sich aus unseren Fettzellen. Doch dazu braucht er ausreichend Zeit.

Wenn der kleine Hunger kommt ...

SIND SIE MIT DIESEN TRICKS UND TIPPS GUT
GERÜSTET, UM IHM ZU WIDERSTEHEN ODER IHN
AUF »LEICHTE« ART ZU STILLEN.

Kaum hat man sich vorgenommen, etwas auf die Kalorienbremse zu treten, schon meldet er sich lautstark zu Wort – der kleine Hunger. Er schreit lauthals, weil er es gewohnt ist, sofort bedient zu werden. Mit der Zeit machen sich alle kleinen Sünden, zu denen er verleitet, bemerkbar.

Ablenken hilft Lenken Sie sich ab, sobald sie ans Essen denken oder ein Hungergefühl aufkommt. Machen Sie einen kleinen Spaziergang bzw. Sport, hören Sie gute Musik oder rufen Sie einen Freund oder Freundin an. Auch ein schönes Buch oder eine Runde Surfen im Internet können Sie von der Versuchung, ein Stück Schokolade zu essen, abhalten, ebenso eine kleine Wellnesseinlage in Form eines schönes Schaumbads oder einer entspannenden Gesichtsmaske.

Trinken gegen Hunger Trinken Sie mindestens 1 Glas Wasser oder Tee, besser noch 2, das füllt den Magen und hemmt das Hungergefühl. Peppen Sie das Wasser mit Zitronenscheiben oder Kräutern wie Zitronenmelisse oder Pfefferminze auf. Füllen Sie es in eine stilvolle Karaffe und trinken Sie aus einem schönen Glas, das wertet das »Wassertrinken« auf! Es gibt unzählige Teesorten auf dem Markt. Probieren Sie neue Sorten aus und bringen Sie somit Abwechslung in Ihren Vorratsschrank.

Gewohnheiten ändern Oftmals essen wir aus Gewohnheit. Wir verbinden bestimmte Tätigkeiten mit Essen, wie zum Beispiel das Fernsehen. Fernzusehen, ohne etwas dabei zu knabbern, fällt vielen schwer. Um aus dieser Beziehung herauszukommen, müssen beide Tätigkeiten im Kopf wieder voneinander getrennt werden. Lassen Sie die Glotze aus, bis Sie sich ein schönes Abendessen gemacht haben. Genießen Sie das Essen am Tisch und nicht auf der Couch. Danach steht einem schönen Fernsehabend nichts im Weg. Nehmen Sie aber nicht Ihren gewohnten Platz auf Ihrer Couch ein, denn auch das verbindet mit dem Naschen am Abend.

Kleine Snacks Sie werden sehen: Je länger Sie sich bewusster ernähren, umso geringer wird die Lust auf Süßes und die Heißhungerattacken nehmen ab. Können Sie jedoch nicht immer dem Hungergefühl standhalten, dann gibt es zahlreiche Alternativen zum Schokoriegel. Diese Snacks eignen sich ideal als »Erste Hilfe« im »Notfall«:

- 1 hartgekochtes Ei
- 1 Handvoll Nüsse
- 2–3 Scheiben Putenbrust oder magerer Kochschinken
- Gemüsesticks mit oder ohne Kräuterjoghurt
- etwas Thunfisch aus der Dose (im eigenen Saft)
- Kürbis- oder Sonnenblumenkerne
- 1 Tasse Beeren (z.B. Himbeeren, Brombeeren)
- einige Oliven
- ein Stück dunkle Schokolade (min. 70% Kakaoanteil)
- einige Minitomaten
- Magerquark mit Beeren
- 1–2 Hackbällchen
- Gurkenscheiben mit Kräuterquark

175 kcal

enthält ein Glas Latte macchiato mit Zucker, je nach Fettgehalt der Milch.

SCHLANK IM SCHLAF

Schlaf ist ein echter Schlankmacher – und zwar nicht nur, weil Sie in dieser Zeit nicht zum Essen kommen. Versuchen Sie, 7 bis 8 Std. pro Nacht zu schlafen, denn in dieser Zeit baut der Körper Fett ab.

Lieber nicht...

KAUFEN SIE BEWUSST EIN, UND LASSEN SIE DIE TAFEL SCHOKOLADE UND DIE TÜTE CHIPS UNBERÜHRT IM SUPERMARKTREGAL LIEGEN. SO KOMMEN SIE ZU HAUSE ERST GAR NICHT IN VERSUCHUNG.

WENN, DANN RICHTIG

Wenn Sie nicht widerstehen können, dann genießen Sie! Und zwar langsam, damit das Sättigungsgefühl Zeit hat, sich zu melden.

Kopfsache

Haben Sie Hunger oder ist es nur Appetit? Hören Sie in sich rein! Beim »echten« Hunger meldet sich der Magen mit einem Knurren und Ihre Leistungsfähigkeit nimmt ab. Der Appetit entsteht im Kopf und wird oftmals durch Stress, sei es psychischer oder physischer Natur, ausgelöst. Versuchen Sie sich dies bewusst zu machen! Essen Sie bei Hunger eine Kleinigkeit, bei Appetit versuchen Sie darauf zu verzichten. Mit der Zeit klappt dies immer besser und Sie werden stolz auf sich sein.

Fotoalbum

EINE FOTOCOLLAGE MIT ALL DEN SCHÖNEN DINGEN, DIE SIE NACH IHRER ERFOLGREICHEN GEWICHTSABNAHME VORHABEN, HILFT BEIM DURCHHALTEN!

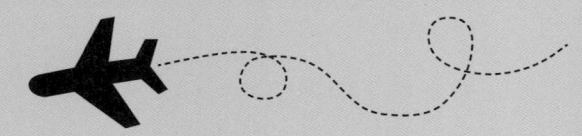

SCHLANKE KÜCHE MIT DEM THERMOMIX

Beginnen Sie noch heute, sich abwechslungsreich, gesund und kalorienarm zu ernähren. Selbermachen hilft beim Kaloriensparen! Der Thermomix steht schon bereit.

Mindestens 6 Stunden, idealerweise 8 Stunden Schlaf benötigt der Organismus, um den Körper wieder zu regenerieren. Planen Sie also genügend Zeit für Ihre nächtlichen Ruhephasen ein. Wichtig dabei ist, dass Sie nicht mit vollem Magen ins Bett gehen, sonst ist dieser noch mit der Verdauung beschäftigt und kann sich weniger um die Regeneration kümmern. Essen Sie abends nicht später als 18 Uhr, dann bleibt noch ausreichend Zeit, bevor Sie ins Bett gehen.

Sofort starten

Um sich abwechslungsreich, gesund und kalorienarm zu ernähren, bedarf es keiner großen Vorbereitung. Sie wissen nun, worauf es dabei ankommt, und können sofort starten. Steht der Thermomix schon bereit? Dann beginnen Sie noch heute, sich ohne Reue durch die vielen leckeren und abwechslungsreichen Rezepte in diesem Buch zu schlemmen.

Selbermachen hilft beim Kaloriensparen

In vielen Rezepten werden Fertig-Zutaten verwendet, die Sie normalerweise vermutlich kaufen würden. Mit Ihrem Thermomix lassen sich auch diese Kleinigkeiten, die Sie meist ganz selbstverständlich im Supermarkt besorgen würden, selbst herstellen. So können Sie auf die Verwendung von Fertigprodukten mit oftmals vielen Zusatzstoffen verzichten und auch hier noch die eine oder andere Kalorie einsparen.

Eine selbst gemachte Gemüsepaste (Seite 36) statt einer gekauften Gemüsebrühe oder einen selbstgemachten Vanillezucker sollte man immer auf Vorrat haben. Beides wird häufig in den Rezepten verwendet, da lohnt sich das Selbermachen umso mehr. Im Thermomix geht das schnell und einfach. Auch ein leckeres Mandelmus, das vielen Gerichten einen besonderen Geschmack gibt und für eine schöne Konsistenz sorgt, lässt sich ganz einfach mit dem Thermomix herstellen. Geld sparen Sie damit auch, denn die im Supermarkt angebotenen Varianten sind oftmals sehr teuer. Sie können nicht nur beliebte Gewürzmischungen im Thermomix zubereiten, sondern sogar Ihre ganz persönliche Geschmacksvariante kreieren. Ein Rezept für eine Currymischung (Seite 36) finden Sie in diesem Buch.

FEHLT NOCH WAS? BEILAGEN

Die meisten Rezepte in diesem Buch sind als komplette Gerichte konzipiert, die nicht mehr als 500 kcal pro Portion besitzen. Wenn Sie aber Beilagen dazu servieren möchten bzw. wissen möchten, wie viele Kalorien die Pasta mitbringen, die zu Ihrer Sauce noch dazugehört, finden Sie diese Angaben in den folgenden Grundrezepten. Diese können Sie natürlich auch alle im Thermomix zubereiten und sie oftmals parallel zum Hauptgericht im aufgesetzten Varoma mitgaren lassen.

Reis kochen

Für 4 Portionen 1½ TL Salz in den Mixtopf geben, das Garkörbchen einsetzen und mit 200 bis 250 g Reis füllen. 1000 g Wasser über den Reis in den Mixtopf gießen. Reis mit dem Spatel durchrühren, damit er gleichmäßig angefeuchtet ist. Sie können auch kurz die Turbotaste betätigen. Das feuchtet den Reis ebenso an und bewirkt, dass er besser im Dampf gart. Dann 20 Min./100 Grad/Stufe 4 garen. Kochen Sie 200 g Reis, enthält jede Portion ca. 180 kcal, bei 250 g sind es ca. 220 kcal pro Portion.

Salzkartoffeln kochen

Für 4 Portionen 500 g Wasser und 1½ TL Salz in den Mixtopf geben. 500 g Kartoffeln schälen, in mundgerecht geschnittenen Stücken in das Garkörbchen geben und 25 bis 30 Min./Varoma/Stufe 1 garen. Eine Portion enthält ca. 95 kcal.

Kalorienarme Alternativen wie Blumenkohlreis oder Gemüsespaghetti sind ruck, zuck im Thermomix zubereitet.

Pellkartoffeln kochen
Für 4 Portionen 500 g Kartoffeln gut sauber bürsten und mit der Schale in das Garkörbchen bzw. den Varoma legen. 500 g Wasser, ½ TL Salz und evtl. ½ TL Kümmel in den Mixtopf geben. Die Kartoffeln ca. 45 Min./Varoma/Stufe 1 garen. Eine Portion enthält ca. 95 kcal. Anstelle des Salzes kann man auch 1 TL der Gemüsepaste (Seite 36) zugeben, so werden die Kartoffeln würziger.

Nudeln kochen
Für 4 Portionen 1500 g Wasser, 2 TL Salz und 1 TL Öl in den Mixtopf geben und ca. 12 Min. bei 100 Grad auf Stufe 1 aufkochen. 250 g Spaghetti oder andere Hartweizennudeln hinzugeben und 2 Min. länger als auf der Packung angegeben/90 Grad/Stufe 1/Linkslauf garen. Die Garzeit richtet sich nach der Nudelsorte sowie nach der gewünschten Konsistenz. Eine Portion von 80 g enthält ca. 220 kcal.

Gemüse dünsten
Hierzu 500 g Wasser und 1 TL Gemüsepaste (Seite 36) in den Mixtopf geben und 500 g kleingeschnittenes Gemüse im Garkörbchen oder Varoma über Dampf/Varoma/Stufe 1 garen. Die Garzeit beim Dünsten richtet sich nach der Gemüsesorte, hier ein paar Beispiele:

Gemüsesorte	Garzeit ca.
Blumenkohlröschen	18 Min.
Brokkoliröschen	13 Min.
Möhrenscheiben	21 Min.
Kohlrabistücke	15 Min.
grüne Bohnen	23 Min.
Zucchinischeiben	16 Min.

Blumenkohlreis
Blumenkohlreis ist eine sehr gute kalorienarme Alternative zu herkömmlichem Reis. Für 4 Portionen zerkleinert man die Röschen eines Blumenkohls 2 bis 3 Sek. auf Stufe 5 zu Reisgröße und gart sie anschließend im Garkörbchen mit 500 g Wasser und 1 TL Gemüsepaste (Seite 36) 10 Min./Varoma/Stufe 1. Eine Portion enthält nur 55 kcal.

Zucchini-Spaghetti
Während Sie bei Nudeln mit 360 kcal pro 100 g rechnen müssen, kommt die Gemüsevariante in Form von Zucchini-Spaghetti mit 23 kcal wie ein Leichtgewicht daher. Eine Portion von 300 g enthält knapp 75 kcal. Für 2 Portionen schneiden Sie 600 g Zucchini mit einem Spiralschneider in dünne Streifen und lassen diese im Varoma mit 500 g Wasser und 1 TL Gemüsepaste (Seite 36) 15 Min./Varoma/Stufe 1 über Dampf garen.

TRICKS UND KNIFFS BEIM UMGANG MIT DEM THERMOMIX

Damit Ihnen das Kochen und Backen mit dem Thermomix noch mehr Freude bereitet, verrate ich Ihnen hier einige Tricks rund um den Wundertopf, die sich in meiner Küche bewährt haben.

Varoma richtig nutzen
Achten Sie beim Einlegen des Garguts darauf, dass nicht alle Löcher des Varomabodens bedeckt sind und der Dampf gut zirkulieren kann.
Beim Dampfgaren von Fisch legen Sie den Varomaboden mit Backpapier aus. Das verhindert, dass Eiweiß in die Garflüssigkeit im Mixtopf tropft und es so zum Überschäumen kommt. Feuchten Sie das Backpapier vor dem Einlegen an und zerknüllen Sie es leicht, damit es nicht am Boden klebt und die Löcher komplett verschließt. Eine Alternative zu

Backpapier ist das Garen auf Gemüseblättern, wie Wirsing- oder Kohlblättern.
Reicht Ihnen der Platz im Varoma nicht aus, so können Sie sich mit einem variablen Tortenring Abhilfe schaffen. Setzen Sie ihn einfach zwischen Varoma und Varomadeckel ein. Somit können Sie auch größere Gemüsestücke, wie z. B. einen Blumenkohl, garen. Haben Sie einmal vergessen, Tiefgekühltes rechtzeitig aus der Tiefkühltruhe zu nehmen? Kein Problem! Im Varoma können Sie die Lebensmittel schonend über Dampf auftauen.

Überkochen vermeiden
Beim Garen bei 100 Grad kann es dazu kommen, dass Wasser aus der Deckelöffnung austritt und überläuft. Dies sollte unbedingt zum Schutz des Thermomix vermieden werden. Reduzieren Sie in einem solchen Fall die Gartemperatur auf 90 Grad oder erhöhen Sie die Drehzahl um eine Stufe.

Kleine Mengen zerkleinern
Das Zerkleinern von kleinen Mengen, z. B. von Kräutern oder einer Knoblauchzehe, gelingt besser, wenn Sie anstatt des Messbechers den Spatel einhängen. Der Rand des Spatels verhindert, dass der Spatel mit dem Messer in Berührung kommt. Die zu zerkleinernden Zutaten bleiben so in der Nähe des Messers und werden nicht gleich an den Deckel geschleudert.

Spatel schonen
Achten Sie darauf, dass Sie den Spatel z. B. beim Entnehmen von Teig immer hinter der stumpfen Seite des Messers ansetzen und das Messer im Uhrzeigersinn weiterdrehen.

Hefeteig aus dem Topf nehmen
Das Zubereiten von Hefeteig ist für den Thermomix ein Kinderspiel. Nur beim Herausnehmen aus dem Mixtopf können Probleme auftreten, weil der Teig manchmal noch etwas zu klebrig ist. Dann geben Sie noch etwas Mehl hinzu und rühren das Ganze nochmal 2 bis 3 Sek. auf Teigstufe. Danach lässt sich der Teig einfacher aus dem Topf nehmen. Anschließend die Teigreste durch 2 Sek. Turbostufe an die Topfwand schleudern und mit dem Spatel aus dem Topf schaben.
Oder Sie stellen den Topf mit dem Teig kopfüber in eine Schüssel oder auf eine bemehlte Arbeitsfläche und drehen an der Messerschraube. Der Teig löst sich so und fällt aus dem Thermomix. Die restlichen Teigreste können Sie wieder durch 2 Sek. Turbostufe an die Topfwand schleudern und mit dem Spatel entnehmen.

Saucen reduzieren
Möchten Sie eine Sauce etwas sämiger machen, kochen Sie sie ohne Messbecher. Vergessen Sie jedoch nicht, das Garkörbchen oben auf die Öffnung zu stellen. So verhindern Sie, dass die Sauce herausspritzt.

Pulverisieren
Damit beim Mahlen von Zucker oder von Getreidekörnern kein Staub aus der Öffnung zwischen Deckel und Messbecher austritt, legen Sie ein sauberes Geschirrtuch oder ein Stück Küchenpapier auf den Deckel und stecken den Messbecher in die Öffnung.

Eischnee schlagen
Wichtig ist, dass der Mixtopf, das Messer, der Deckel sowie der Rühreinsatz fettfrei sind. Geben Sie etwas Salz oder einen Spritzer Zitronensaft zum Eiweiß. Schlagen Sie nun das Eiweiß auf Stufe 4 steif. Je nach Menge kann das 2 bis 4 Minuten dauern.

REINIGUNG
Nach dem Kochen steht die Reinigung des Wunderkessels an. Der Thermomix ist zwar

ein Multitalent, selber reinigen kann er sich aber leider noch nicht. Aber auch hier gibt es zahlreiche Tipps und Tricks, wie Sie ihn ganz schnell wieder glänzen lassen.

Grundreinigung
Eine Grundreinigung genügt in den meisten Fällen. Hierfür füllen Sie so viel warmes Wasser ein, dass das Schneidemesser komplett bedeckt ist. Nun geben Sie noch einige Tropfen Spülmittel hinzu und mixen das Ganze 30 Sek. bei Stufe 5 durch. Evtl. nochmals mit Linkslauf wiederholen. Oder aber Sie lassen den Mixtopf für 5 Min./60 Grad/Stufe 2–3 laufen. Anschließend den Mixtopf normal spülen. Sollten Sie Teigreste, besonders Hefeteig, entfernen wollen, geben Sie kaltes anstatt warmes Wasser zusammen mit Spülmittel in den Mixtopf und mixen das Ganze 30 Sek. auf Stufe 5.

Hartnäckige Verschmutzungen
Sollte Ihnen mal aus Versehen etwas angebrannt sein, bitte nicht kratzen. Sie beschädigen damit Ihren Mixtopf. Geben Sie 1 TL Spülmaschinenpulver oder ½ Spülmaschinentab zusammen mit Wasser in den Mixtopf und lassen das Gerät 10 Min./60 Grad/Stufe 3 rühren. Anschließend wie gewohnt spülen. Auch mit Backpulver oder einer Tablette Gebissreiniger lassen sich hartnäckige Verschmutzungen gut entfernen.

Kalkflecken entfernen
Kalkflecken oder Regenbogenmuster lassen sich durch das Mixen einer Zitrone entfernen. Dadurch werden auch gleich unliebsame Gerüche mit beseitigt. Sie können ebenso Essigwasser in den Mixtopf geben und einwirken lassen.

Schneidmesser reinigen
Auch nach der Grundreinigung befinden sich oftmals noch Reste am Schneidemesser. Für die Reinigung legen Sie sich am besten eine dünne Bürste zu. Damit lassen sich die Zwischenräume zwischen den einzelnen Messern gut reinigen.

Gerüche entfernen
Bei der Verwendung von Zwiebeln oder Knoblauch kommt es zur Geruchsbildung besonders am Deckel. Um den Geruch zu entfernen, geben Sie eine Handvoll Kaffeebohnen in den Mixtopf und zerkleinern diese auf Stufe 5. Lassen Sie den gemahlenen Kaffee über Nacht im Mixtopf stehen. Am nächsten Tag reinigen Sie den Topf wie gewohnt. Alternativ dazu können Sie auch 2 EL Natron oder Essig mit 200 g Wasser auf Stufe 10 vermixen und etwas das Ganze stehen lassen. Evtl. nochmal 5 Min./60 Grad/Stufe 3 erwärmen.

Verfärbungen am Gehäuse oder Deckel
Einige Zutaten wie Tomaten, Curry oder Möhren hinterlassen am Gehäuse oder am Deckel unschöne Verfärbungen. Wischen Sie Spritzer am Gehäuse am besten sofort weg. Sie können dazu auch etwas Öl verwenden. Am effektivsten ist es, wenn Sie die verfärbten Teile in die Sonne legen. Unter dem Einfluss des Sonnenlichts verblassen die Verfärbungen oder verschwinden komplett.

Reste nutzen
Haben Sie eine Konfitüre oder eine Eis in Ihrem Thermomix hergestellt, so geben Sie zu den Resten einfach etwas Milch hinzu und mixen das Ganze kurz auf. So erhalten Sie einen leckeren Milchshake, den Sie zum Beispiel noch mit etwas Minze verfeinern können.

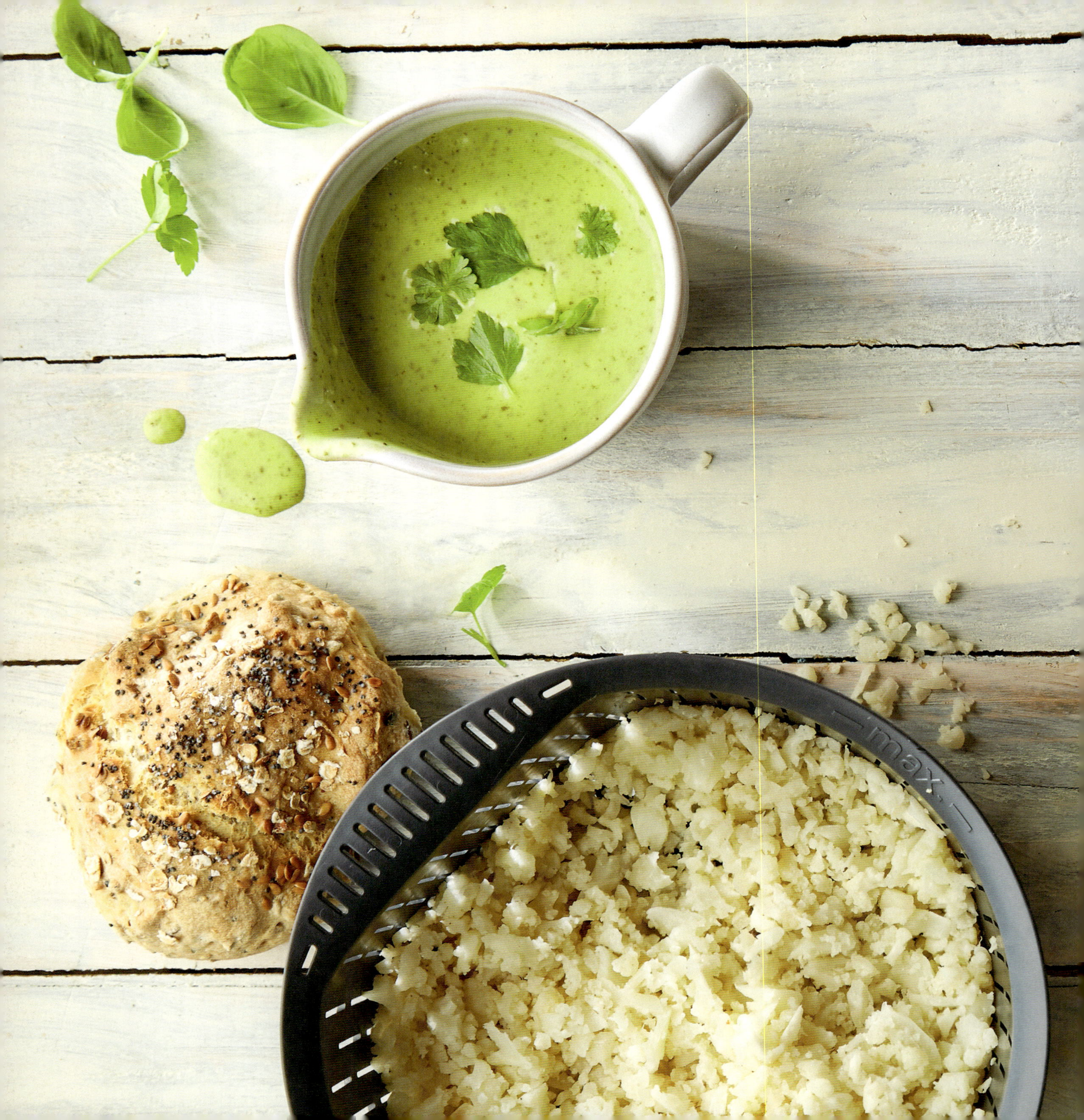
max.

Die Rezepte

Frühstück

🥖 1 Brot (ca. 25 Scheiben) 👑 ⏰ 1 Std. 5 Min. 💚 50 Min.

Möhren-Zucchini-Brot

Fett für die Form, 300 g Dinkel, 150 g Weizen, 150 g Roggen, 100 g Möhren, 100 g Zucchini, 1 Würfel Hefe (42 g), 3 EL Balsamessig, 2 TL Salz, 50 g Sonnenblumenkerne, 50 g Kürbiskerne, evtl. Dinkelflocken zum Bestreuen

---

- Backofen auf 220 Grad Ober-/Unterhitze vorheizen. Eine Kastenform (30 cm) einfetten.
- Inzwischen Dinkel im Mixtopf **1 Min./Stufe 10** mahlen und aus dem Topf in eine Schüssel füllen. Weizen und Roggen in den Mixtopf geben und **1 Min./Stufe 10** mahlen.
- Möhren schälen, Zucchini waschen. Zucchini und Möhren in grobe Stücke schneiden, in den Mixtopf zu dem gemahlenen Getreide geben und **5 Sek./Stufe 6** zerkleinern.
- Dinkel, 500 g lauwarmes Wasser und alle restlichen Zutaten bis auf die Dinkelflocken in den Topf geben und das Ganze **4 Min./Teigstufe** zu einem Teig verarbeiten.
- Den Teig in die vorbereitete Form geben, evtl. mit Dinkelflocken bestreuen und im heißen Backofen 30 Min. backen. Dann die Ofentemperatur auf 200 Grad reduzieren und das Brot in 20 Min. fertig backen.

Nährwerte/Scheibe: 110 kcal, 16 g KH, 5 g E, 2 g F

Bilder Seite 22/23: Spinatsauce (Seite 125), Blumenkohlreis (Seite 19), gemischtes Gemüse aus Thermomix

FRÜHSTÜCK

Apfel-Zimt-Muffins

12 Stück · 20 Min. · 30 Min.

200 g Äpfel, 1 Ei, 300 g Buttermilch, 70 g flüssiger Honig, 70 g Sonnenblumenöl, 100 g Haferflocken, 40 g gemahlene Haselnüsse, 150 g Mehl, 1 Pck. Backpulver, ½ TL Natron, 1 ½ EL Kakaopulver, ½ TL Zimt
Außerdem: Muffin-Papierförmchen

- Backofen auf 170 Grad Ober-/Unterhitze vorheizen. Muffin-Papierförmchen in die 12 Mulden eines Muffinblechs setzen.
- Äpfel waschen, vierteln, die Kerngehäuse entfernen und die Apfelschnitze im Mixtopf **5 Sek./Stufe 5** zerkleinern. Äpfel aus dem Mixtopf in eine Schüssel umfüllen.
- Ei, Buttermilch, Honig und Öl in den Mixtopf geben und **20 Sek./Stufe 5** verrühren.
- Dann Haferflocken, Nüsse, Mehl, Backpulver, Natron, Kakao, Zimt und Äpfel hinzugeben und **30 Sek./Stufe 4** verrühren.
- Den Teig in die Muffinförmchen füllen und im heißen Backofen 15–20 Min. backen.

Nährwerte/Stück: 200 kcal, 22 g KH, 5 g E, 10 g F

Thunfisch-Ei-Aufstrich

6 Port. · 20 Min. · 14 Min.

3 Eier, 1 kleine Zwiebel, 2–3 Essiggurken, 1 Dose Thunfisch im eigenen Saft (150 g), 1 Bund Schnittlauch, 100 g saure Sahne, 150 g Joghurt (1,5 % Fett), Salz, Pfeffer

- Eier in das Garkörbchen legen, 500 g Wasser in den Mixtopf einfüllen, Garkörbchen einsetzen und **14 Min./Varoma/Stufe 1** kochen. Anschließend abschrecken und abkühlen lassen.
- Zwiebel schälen und halbieren. Dann die hartgekochten und abgekühlten Eier schälen und die Essiggurken halbieren.
- Zwiebeln, Eier und Gurken in den Mixtopf geben und **5 Sek./Stufe 7** zerkleinern. Dann Thunfisch abgießen und abtropfen lassen. Thunfisch hinzugeben und nochmals **5 Sek./Stufe 7** zerkleinern.
- Schnittlauch waschen, trocken schütteln und in Röllchen schneiden. Mit saurer Sahne, Joghurt, Salz und Pfeffer in den Mixtopf geben und alles **10 Sek./Stufe 5** verrühren.

Nährwerte/Portion: 120 kcal, 6 g KH, 11 g E, 6 g F

Bärlauchquark

4 Port. · 5 Min.

1 Möhre, 200 g frischer Bärlauch, 200 g Magerquark, 2 EL Crème fraîche légère (15 % Fett), 1 TL Senf, Salz, Pfeffer

- Möhre schälen und in grobe Stücke schneiden. Den Bärlauch waschen und abtropfen lassen.
- Möhre und Bärlauchblätter im Mixtopf **10 Sek./Stufe 8** mit Hilfe des Spatels zerkleinern. Mit dem Spatel nach unten schieben.
- Dann Quark, Crème fraîche, Senf, Salz und Pfeffer hinzufügen und **8 Sek./Stufe 4** verrühren. Mit Salz und Pfeffer abschmecken.

Nährwerte/Portion: 65 kcal, 4 g KH, 7 g E, 1 g F

▶ *Apfel-Zimt-Muffins*

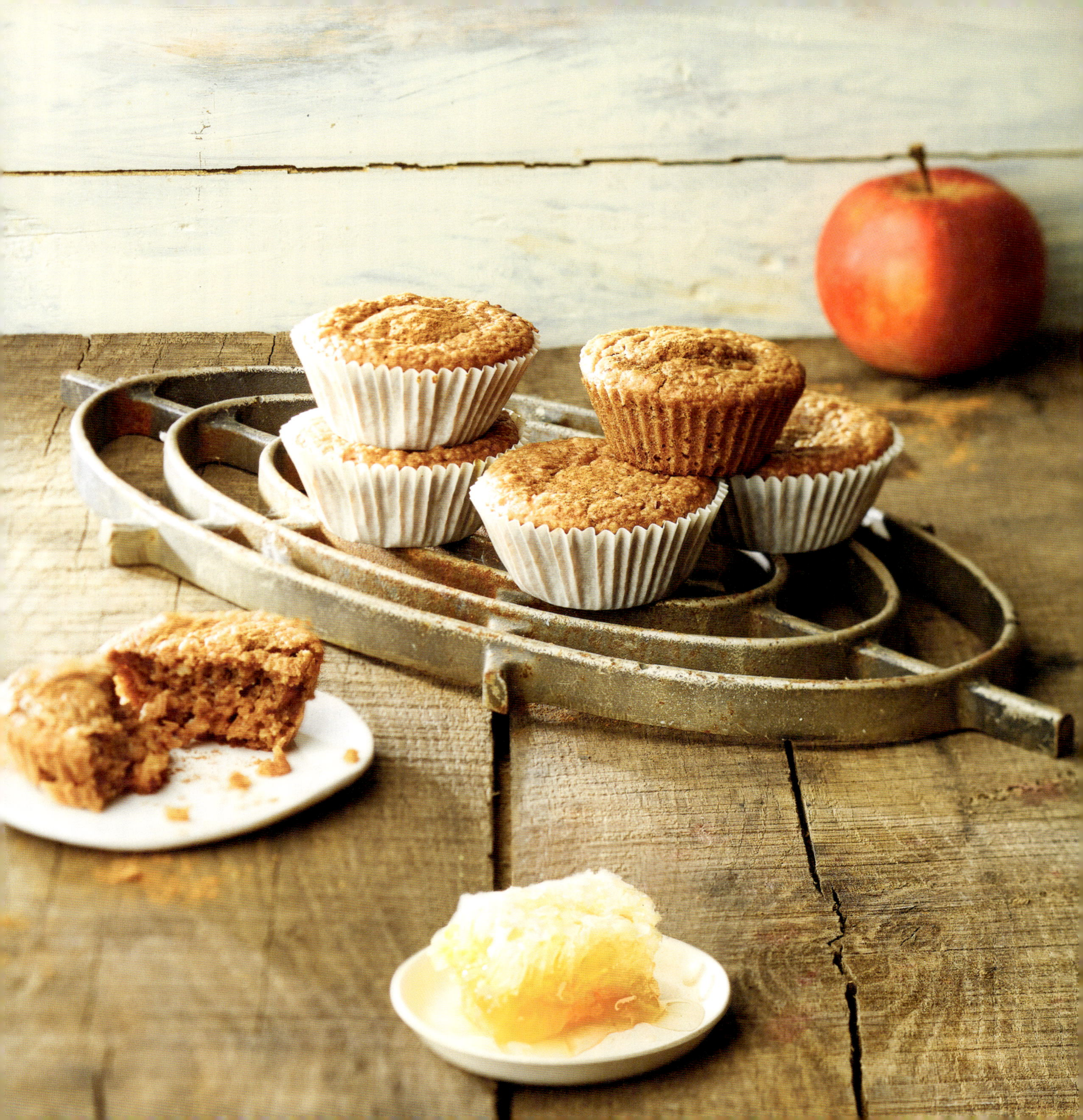

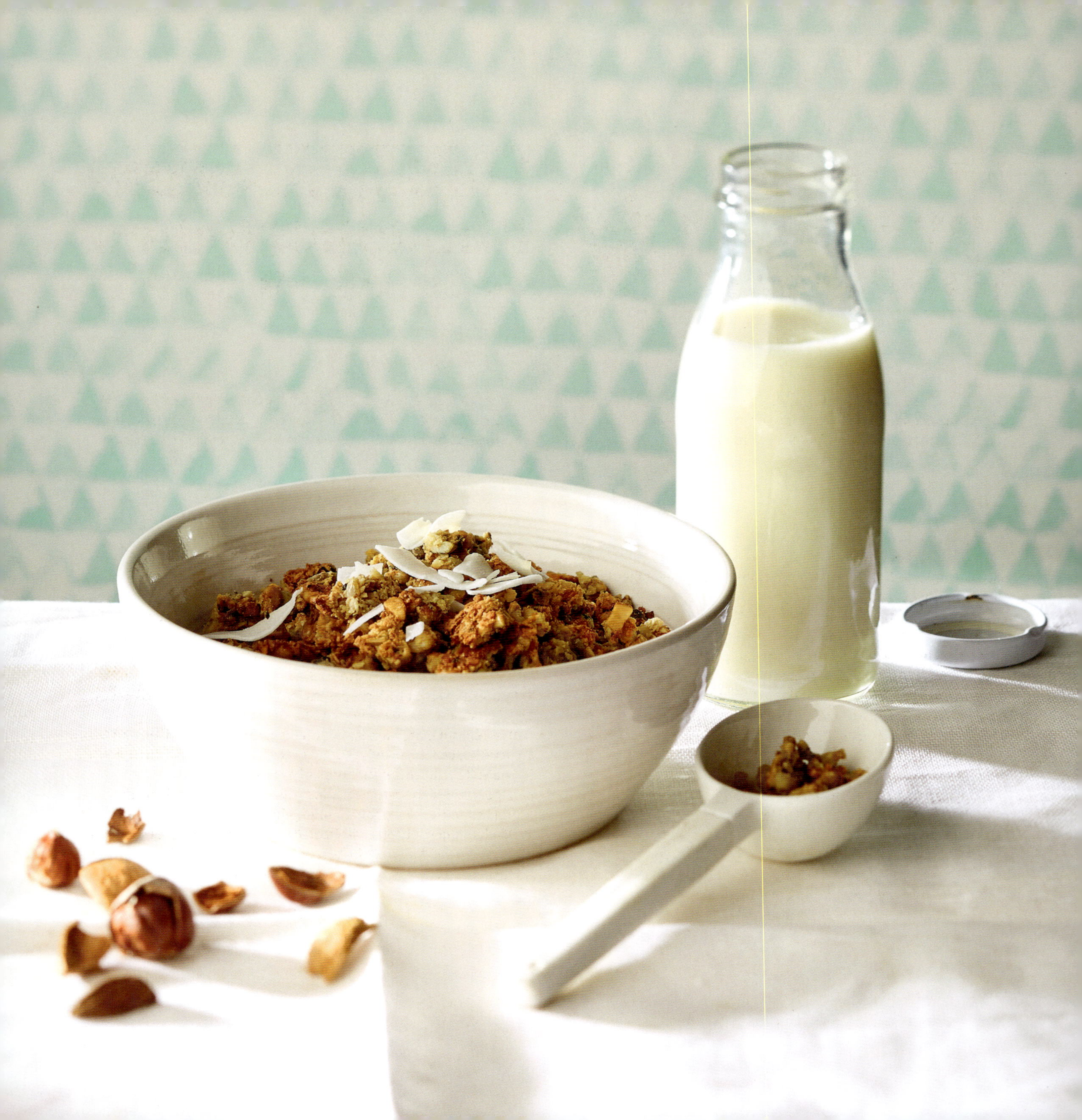

Low-Carb-Müsli

🍽 15 Port. 👑 ⏰ 35 Min. 💚 25 Min.

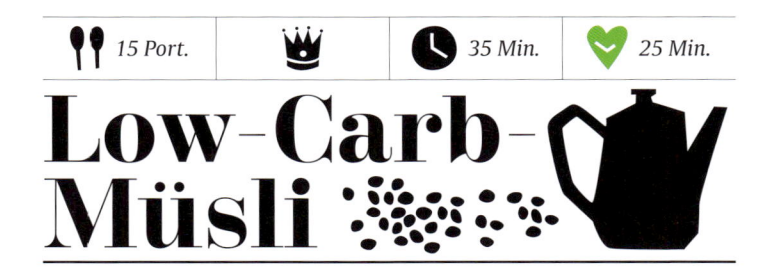

30 g Kokosöl, 80 g Haselnusskerne, 80 g Mandeln, 80 g Kürbiskerne, 80 g Sonnenblumenkerne, 40 g Kokosflocken, 50 g Mandelblättchen, 1 Pck. Vanillezucker, 2–3 EL brauner Zucker

- Backofen auf 200 Grad Ober-/Unterhitze vorheizen. Ein tiefes Backblech mit Backpapier auslegen.
- Kokosöl in der Mikrowelle oder in einem Topf zerlassen. Haselnüsse und Mandeln im Mixtopf **5 Sek./Stufe 6** hacken.
- Dann restliche Zutaten zusammen mit 150 g Wasser hinzufügen und das Ganze **20 Sek./Stufe 4/Linkslauf** mischen.
- Die Masse gleichmäßig flach auf dem Blech verteilen und mit einer Gabel etwas andrücken. Im heißen Backofen ca. 25 Min. backen.
- Nach 20 Min. Backzeit das Müsli mithilfe einer Gabel durchmischen, dabei wieder möglichst flach ausbreiten. Je nach gewünschtem Bräunungsgrad die Backzeit nach Bedarf verlängern.
- Das Müsli auskühlen lassen und in einer luftdicht verschlossenen Dose aufbewahren. So hält es sich 4–6 Wochen.

Tipp: Auch lecker als Topping auf Obstsalat oder Quarkspeisen!

Nährwerte/Portion: 200 kcal, 4 g KH, 6 g, 17 g F

◄ *Low-Carb-Müsli*

Vollkorn-Dinkelhörnchen

🍞 8 Stück 👑👑 ⏰ 1 Std. 50 Min. 💚 1 Std. 35 Min.

300 g Dinkel, 30 g Hefe, 50 g Zucker, 150 g Joghurt (1,5 % Fett), 1 Ei, 2 EL Sonnenblumenöl, ½ TL Salz, etwas Milch zum Bestreichen, etwas Mehl zum Bestäuben, Sesam, Haferflocken oder Mohn zum Bestreuen

- Dinkel im Mixtopf **1 Min./Stufe 10** mahlen und in eine Schüssel umfüllen. Ein Backblech mit Backpapier auslegen.
- 60 ml lauwarmes Wasser, Hefe und 1 TL Zucker im Mixtopf **2 Min./37 Grad/Stufe 1** mischen.
- Gemahlenen Dinkel, restlichen Zucker, Joghurt, Ei, Öl und Salz hinzufügen und **3 Min./Teigstufe** kneten.
- Den Teig in eine mit Mehl ausgestäubte Schüssel geben und abgedeckt an einem warmen Ort ca. 1 Std. gehen lassen.
- Den Teig auf einer bemehlten Arbeitsfläche rund ausrollen und in 8 Dreiecke schneiden. Jedes Dreieck von der breiten Seite zur Spitze hin aufrollen und leicht gebogen auf das Backblech setzen.
- Mit etwas Milch bestreichen und mit Sesam, Haferflocken oder Mohn bestreuen. Nochmals 15 Min. gehen lassen.
- Den Backofen auf 180 Grad Ober-/Unterhitze vorheizen. Hörnchen im heißen Backofen ca. 20 Min. backen, evtl. zum Ende der Backzeit mit Alufolie abdecken, damit sie nicht zu dunkel werden.

Nährwerte/Stück: 210 kcal, 32 g KH, 9 g E, 4 g F

Kürbis-Apfel-Konfitüre

ca. 7 Gläser à 200 ml • 45 Min. • 20 Min.

500 g Hokkaidokürbis (geputzt gewogen), 500 g Äpfel (geputzt gewogen), 1 Vanilleschote, 1 Zimtstange, Saft von 1–2 Zitronen, 500 g Gelierzucker (2:1)

- Kürbis und Äpfel waschen und die Kerne bzw. Kerngehäuse entfernen. Kürbis und Äpfel grob zerkleinern, in den Mixtopf geben und **8 Sek./Stufe 8** zerkleinern.
- Vanilleschote längs aufschlitzen und das Mark herauskratzen. Mark und Schote mit 150 g Wasser, der Zimtstange und dem Zitronensaft in den Mixtopf geben und **12 Min./Stufe 1–2/100 Grad/Linkslauf** erhitzen.
- Vanilleschote herausnehmen und Gelierzucker hinzufügen, **8 Sek./Stufe 4** vermischen, dann ca. **8 Min./100 Grad/Stufe 1–2** kochen.
- Gelierprobe machen und die Konfitüre in saubere Gläser füllen.

Nährwerte/Portion: 340 kcal, 81 g KH, 1 g E, 1 g F

Zwetschgenmus

4 Gläser à 200 ml • 1 Std. • 1 Std. 45 Min.

1,5 kg Zwetschgen, 1 Vanillestange, 100 g brauner Zucker, 150 g Zucker, 1 Zimtstange, ½ TL Lebkuchengewürz, 1 EL Kakaopulver, 30 g Zartbitterschokolade (70 % Kakaogehalt), 15 g Balsamessig

- Zwetschgen waschen, halbieren und entsteinen. Dann im Mixtopf **8 Sek./Stufe 5** zerkleinern.
- Vanilleschote längs aufschlitzen und das Mark auskratzen. Zwetschgen und Vanillemark mit den restlichen Zutaten in den Mixtopf geben und **1 Std./Varoma/Linkslauf/Stufe 2** ohne Deckel köcheln. Dabei das Garkörbchen oben auf die Öffnung stellen und mit einem Küchentuch abdecken, um Spritzer zu vermeiden.
- Zimtstange und Vanilleschote entfernen und das Zwetschgenmus in saubere Gläser abfüllen.

Nährwerte/Portion: 430 kcal, 91 g KH, 3 g E, 5 g F

Tomaten-Basilikum-Omelett

2 Port. • 30 Min. • 20 Min.

50 g Kirschtomaten, 125 g Mozzarella (8,5 % Fett), einige Basilikumblätter, einige Thymianblättchen, 6 Eier, 100 g Milch (1,5 % Fett), Pfeffer, Salz

- Tomaten waschen, halbieren und vom Stängelansatz befreien. Mozzarella in kleine Stücke schneiden. Basilikum- und Thymianblätter waschen, trocken tupfen und hacken.
- Den Varoma-Einlegeboden mit Backpapier auslegen, dabei das Papier am Rand etwas hochstehen lassen.
- Tomaten, Mozzarella, Basilikum und Thymian darauf verteilen. Eier, Milch, Pfeffer und Salz im Mixtopf **10 Sek./Stufe 4** verrühren, dann in den Varoma geben.
- Den Mixtopf ausspülen. 500 g Wasser einfüllen, den Deckel schließen, den Varoma mit der Omelettmasse daraufsetzen und alles **20 Min./Varoma/Stufe 1** garen.

Nährwerte/Portion: 380 kcal, 6 g KH, 36 g E, 23 g F

Müsliriegel

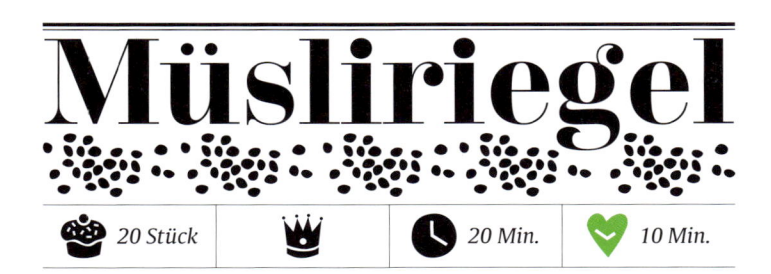

🧁 20 Stück 👑 🕐 20 Min. 💚 10 Min.

20 g Haselnusskerne, 20 g Mandeln, 70 g Rosinen, 100 g flüssiger Honig, 25 g Kokosöl, 180 g Haferflocken, 30 g Kokosflocken, 5 g Sesam, 5 g Chia-Samen, 10 g Sonnenblumenkerne, 10 g Kürbiskerne

● Backofen auf 175 Grad Ober-/Unterhitze vorheizen. Ein Backblech mit Backpapier auslegen.
● Haselnüsse und Mandeln im Mixtopf **6 Sek./Stufe 8** zerkleinern und in eine Schüssel umfüllen. Rosinen in den Mixtopf geben und **5 Sek./Stufe 5** zerkleinern.
● Dann auch die Nuss-Mandel-Mischung und alle restlichen Zutaten in den Mixtopf geben und **3 Min./50 Grad/Stufe 3/Linkslauf** verrühren.
● Die Masse auf dem Backblech verteilen und andrücken. 10 Min. im heißen Backofen backen. Danach in Streifen schneiden und auskühlen lassen.

Nährwerte/Stück: 100 kcal, 12 g KH, 2 g E, 5 g F

Rosinen-Quark-Brötchen

🧁 20 Stück 👑 🕐 45 Min. 💚 30 Min.

500 g Mehl, 1 Pck. Backpulver, 100 g Zucker, 3 TL Zimt, 1 Pck. Vanillezucker, 1 Prise Salz, 80 g Sonnenblumenöl, 100 g Milch (1,5 % Fett), 250 g Magerquark, 50 g Rosinen, 1 Ei

● Backofen auf 175 Grad Ober/Unterhitze vorheizen. Ein Backblech mit Backpapier auslegen.
● Mehl, Backpulver, 90 g Zucker, 2 TL Zimt, Vanillezucker, Salz, Öl, Milch und Quark im Mixtopf **2,5 Min./Teigstufe** zu einem Teig verarbeiten. In den letzten 30 Sekunden Rosinen einrieseln lassen.
● Aus dem Teig 20 Brötchen formen und auf das Blech setzen. Das Ei verquirlen und die Brötchen damit bestreichen. Restlichen Zucker und Zimt vermischen und die Brötchen damit bestreuen.
● Die Brötchen im heißen Ofen 25–30 Min. backen.

Tipp: Die Brötchen eignen sich sehr gut zum Einfrieren. So haben Sie immer eine Leckerei zum Frühstück auf Vorrat.

Nährwerte/Stück: 170 kcal, 26 g KH, 5 g E, 5 g F

FRÜHSTÜCK

Pancakes

2 Port. — 25 Min.

3 Eier, 1 Prise Salz, 120 g Mehl, 1 gehäufter TL Backpulver, 150 g Milch (1,5 % Fett), etwas Butter zum Backen

● Den Rühraufsatz einsetzen. Die Eier trennen und die Eiweiße mit dem Salz im Mixtopf **5 Min./Stufe 3** zu Eischnee schlagen. In eine Schüssel umfüllen und den Rühraufsatz entfernen.
● Eigelbe, Mehl, Backpulver und Milch im Mixtopf **30 Sek./Stufe 4** verrühren. Dann den Eischnee dazugeben und mithilfe des Spatels **40 Sek./Stufe 3** unterrühren.
● Die Butter in einer beschichteten Pfanne zerlassen und aus dem Teig nacheinander Pancakes backen.

Tipp: Ersetzen Sie das Mehl ganz oder teilweise durch Vollkornmehl. Evtl. müssen Sie dann noch etwas Milch hinzugeben.

Nährwerte/Portion: 370 kcal, 49 g KH, 19 g E, 10 g F

Erdbeer-Quark-Creme

4 Port. — 5 Min.

500 g Erdbeeren, 3 EL Frischkäse (5 % Fett), 250 g Magerquark, 200 g Joghurt (1,5 % Fett), 30 g Zucker, 1 Pck. Vanillezucker

● Die Blütenansätze der Erdbeeren entfernen, die Erdbeeren waschen und abtropfen lassen. Je nach Größe halbieren.
● Erdbeeren mit Frischkäse, Quark, Joghurt, Zucker und Vanillezucker im Mixtopf **15 Sek./Stufe 4** mixen.

Variante: Auch lecker und besonders frisch wird die Creme mit frisch gehackter Zitronenmelisse.

Nährwerte/Portion: 170 kcal, 27 g KH, 10 g E, 1 g F

Latte macchiato

2 Port. — 5 Min.

250 g kalte Milch (0,1 % Fett), 2 Tassen heißer, frisch gekochter Espresso

● Die Milch im Mixtopf zuerst **2 Min./Stufe 4**, anschließend **2 Min./80 Grad/Stufe 2** rühren.
● In 2 Latte-macchiato-Gläser füllen und kurz stehen lassen, dabei setzt sich die Milch nach unten ab
● Den Espresso langsam über einen Teelöffelrücken in die Milch gießen. So entstehen insgesamt 3 Schichten.

Nährwerte/Portion: 45 kcal, 6 g KH, 4 g E, 0 g F

▶ *Erdbeer-Quark-Creme*

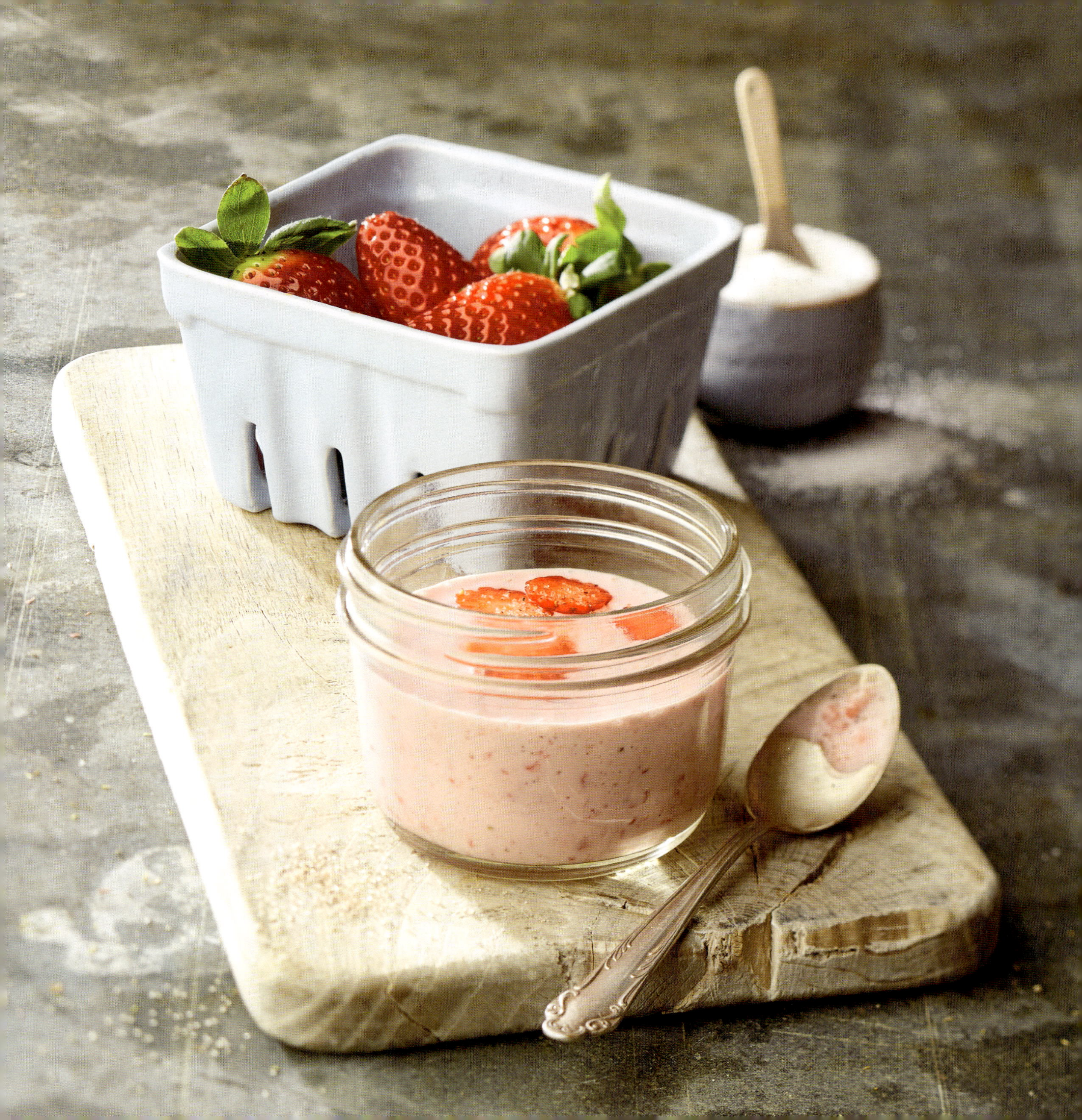

Kernige Kerle

10 Stück | 1 Std. 20 Min. | 1 Std. 10 Min.

½ Würfel Hefe (20 g), 1 TL Zucker, 400 g Mehl (Type 550), 100 g Dinkelmehl (Type 630), 30 g Sonnenblumenkerne, 20 g Kürbiskerne, 20 g Leinsamen, 1 TL Salz, Haferflocken, Mohn und Leinsamen zum Bestreuen

● Zuerst 320 g Wasser, Hefe und Zucker zusammen im Mixtopf **3 Min./37 Grad/Stufe 1** erwärmen.
● Die restlichen Zutaten hinzufügen und alles **3 Min./Teigstufe** zu einem Teig verkneten. Den Teig in eine Schüssel geben und mind. 45 Min. zur doppelten Größe aufgehen lassen.
● Backofen auf 230 Grad Ober-/Unterhitze vorheizen. Ein Backblech mit Backpapier belegen.
● Aus dem Teig 10 Brötchen formen und auf das Backblech setzen. Mit etwas Wasser bepinseln und mit Haferflocken, Mohn und Leinsamen bestreuen.
● Die Brötchen ca. 25 Min. im heißen Backofen backen.

Tipp: Sie können den Teig auch über Nacht im Kühlschrank gehen lassen.

Nährwerte/Stück: 220 kcal, 37 g KH, 8 g E, 4 g F

Lachs-Ei-Muffins

6 Stück | 30 Min. | 20 Min.

Fett für die Form, 150 g Mehl, 75 g Magerquark, 1 TL Backpulver, 7 Eier (Größe S), 30 g Sonnenblumenöl, Salz, 50 g Räucherlachs, einige Dillstängel, Pfeffer

● Backofen auf 200 Grad Ober-/Unterhitze vorheizen. 6 Mulden eines Muffinblechs einfetten.
● Für den Teig Mehl, Quark, Backpulver, 1 Ei, Öl und ½ TL Salz im Mixtopf **2 Min./Teigstufe** verkneten. Herausnehmen, kurz noch einmal durchkneten und in 6 Portionen teilen.
● Aus jeder Portion einen Kreis mit ca. 12 cm Durchmesser ausrollen und die Teigkreise in die Mulden des Muffinblech geben. Der Teig sollte etwas überstehen.
● Lachs kleinschneiden. Dill waschen, trocken schütteln, Blättchen abzupfen und hacken. Lachs und Dill in den Teigmulden verteilen.
● Jeweils ein Ei daraufschlagen und mit Pfeffer und Salz würzen. Im heißen Backofen 15–20 Min. backen.

Nährwerte/Stück: 160 kcal, 19 g KH, 6 g E, 6 g F

▶ *Kernige Kerle*

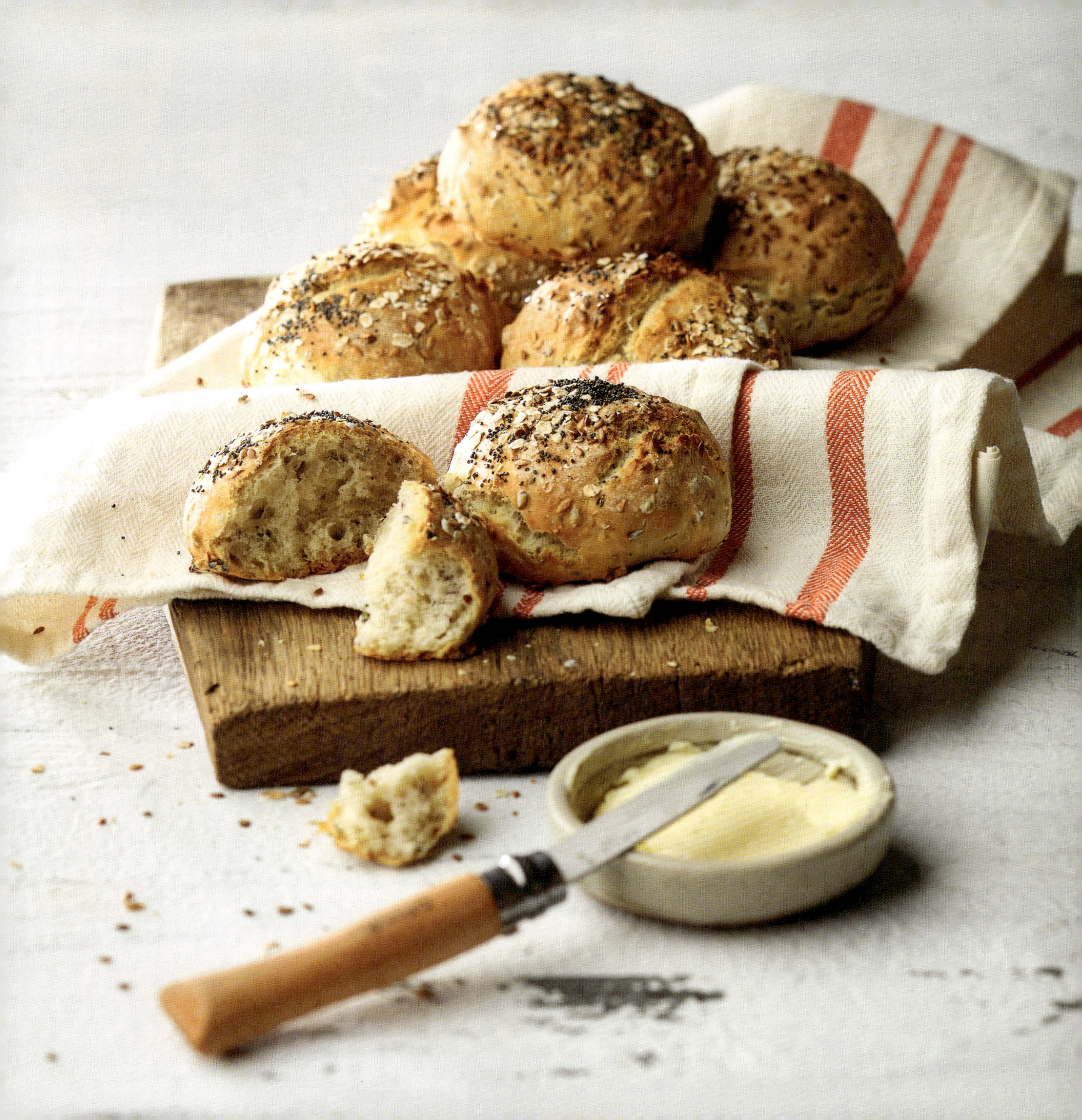

Frisch zubereitet – kochen ohne Fixprodukte

DASS IHR THERMOMIX EIN RICHTIGES WUNDER-
TÖPFCHEN IST, HABEN SIE SICHERLICH SCHON
NACH KURZER ZEIT FESTSTELLEN KÖNNEN. MIT
IHM LÄSST SICH EINE GESUNDE ERNÄHRUNG
WUNDERBAR UMSETZEN.

Sagen Sie Fertigprodukten und Fix-Tütchen endgültig Lebewohl – mit dem Thermomix können Sie alles selbst schnell, einfach und viel leckerer zubereiten. So verzichten Sie auf überflüssige Zutaten, die der Figur nicht guttun und der Gesundheit ebenfalls nicht.
Hier und auf der nächsten Seite ein paar Beispiele:

Gemüsepaste Brühwürfel oder Pulver müssen Sie jetzt nicht mehr kaufen, denn die Gemüsepaste ist ein toller Grundstock für Brühe. 1 TL der Paste entspricht 1 Würfel Gemüsebrühe und ergibt 500 g Brühe. Und zwar ganz ohne Hefezusatz, der in vielen fertigen Brühpulvern enthalten ist. Abgekühlte Paste hält sich im Kühlschrank mehrere Monate. Einfach ausprobieren und die Gemüsesorten nach Geschmack variieren.
Für 1 Glas zerkleinern Sie 50 g Parmesan im Mixtopf **10 Sek./Stufe 10**. Füllen Sie den geriebenen Käse in eine Schüssel und geben Sie geputztes und grob zerkleinertes Gemüse in den Mixtopf, das können z. B. 200 g Staudensellerie, 250 g Möhren, 100 g Zwiebeln, 100 g Tomaten, 150 g Zucchini, 1 Knoblauchzehe oder 50 g frische Champignons sein. Etwa 6 Stängel gemischte Kräuter wie Basilikum, Salbei, Rosmarin ebenfalls hineingeben und im Mixtopf **10 Sek./Stufe 7** mit Hilfe des Spatels zerkleinern. Dann 120 g Meersalz, 30 g Weißwein und 1 EL Olivenöl hinzufügen und **40 Min/Varoma/Stufe 3** ohne Messbecher, aber mit dem Garkörbchen als Spritzschutz einkochen. Zum Schluss den geriebenen Parmesan hinzugeben und **1 Min./Stufe 10** pürieren. In einem geschlossenen Glas hält sich die Paste im Kühlschrank mehrere Monate.

Knoblauchgrundstock Erinnert durch die Kombination von Knoblauch, frischen Kräutern und Olivenöl etwas an Pesto und passt zu allem, was auch von Knoblauch profitiert. Dafür einfach 300 g geschälte Knoblauchzehen, 150 g Salz, 50 g frische Kräuter und 75 g Olivenöl im Mixtopf **ca. 40 Sek./Stufe 10** pürieren.

Kräutersalz Bei diesem Salz legen Sie selbst die geschmackgebende Kräutermischung fest. Dafür einfach 200 g frische Kräuterblättchen nach Wahl 1 Tag trocknen lassen. Mit 150 g groben Salz im Mixtopf **5–10 Sek./Stufe 6–10**, zerkleinern. Ist das Salz noch etwas feucht, auf einem Backblech trocknen lassen. Dann in ein Glas abfüllen und trocken aufbewahren.

Currypulver Frisch gemachter ist kein Vergleich zu gekauftem Curry! Es geht ganz einfach: Dafür 2 TL Kreuzkümmelsamen, 1 TL Koriandersamen, 1 TL Senfsamen, 1 TL Fenchelsamen, ½ TL Bockshornkleesamen und 1 Zimtstange (ca. 2,5 cm) in einer beschichteten Pfanne ohne Fett unter Rühren rösten, bis die Gewürze duften. Auskühlen lassen, dann zusammen mit 1 EL Kurkumapulver, 2 getrockneten roten Chilischoten, 1 TL Paprikapulver und 1 EL braunen Zucker im Mixtopf auf **Stufe 10** zu Pulver mahlen.

Mandelmus

400 G MANDELN IM MIXTOPF 5 SEK./ STUFE 10 ZERKLEINERN. ANSCHLIESSEND BEI STUFE 5 RÜHREN, BIS 37 GRAD ERREICHT SIND. MANDELN MIT DEM SPATEL NACH UNTEN SCHIEBEN UND TOPF ABKÜHLEN LASSEN. VORGANG SO LANGE WIEDERHOLEN, BIS DIE GEWÜNSCHTE KONSISTENZ ERREICHT IST. TIPP: FÜR EIN HELLES MANDELMUS VERWENDEN SIE GESCHÄLTE MANDELN.

Vanillezucker

1 Vanilleschote in Stücke schneiden, zusammen mit 200 g Zucker in ein Schraubglas geben und schütteln. 2 bis 3 Tage durchziehen lassen. Anschließend 15 Sek./Stufe 10 zerkleinern. 1 gehäufter TL entspricht in etwa 1 Pck. gekauftem Vanillezucker.

ERDBEERZUCKER FÜR FEINE DESSERTS
20 g gefriergetrocknete Erdbeeren und 100 g Zucker im Mixtopf 1 Min./Stufe 10 pulverisieren. Weitere 150 g Zucker und 2 TL Vanillezucker hinzugeben und 20 Sek./ Stufe 4/Linkslauf mischen.

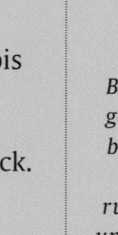

184 % teurer

ALS SELBSTGEMACHTES SIND FERTIGPRODUKTE IM DURCHSCHNITT.

Backmalz

BESCHLEUNIGT DEN GÄRVORGANG BEIM BACKEN

Bio-Getreide (z. B. Weizen, Roggen, Gerste) 12 Std. mit Wasser bedecken, dann abschütten und die Körner 12 Std. abgedeckt ruhen lassen. Mit Wasser spülen und weitere 12 Std. abgedeckt ruhen lassen, bis sich kleine weiße Keime bilden. Auf einem Backblech 1 Std. bei 70 Grad Ober-/ Unterhitze bei leicht geöffneter Backofentür trocknen lassen, dann 30 Min. bei 170 Grad rösten und abkühlen lassen. Im Mixtopf 1 Min./Stufe 10 mahlen und in ein Schraubglas füllen.

Viel Fett und Zucker, wenige Nährstoffe

so können viele Fertiggerichte beschrieben werden. Das kann langfristig Übergewicht, Diabetes und Bluthochdruck begünstigen.

Schnelle Vinaigrette

EINE LECKERE SALATSAUCE IST SCHNELLER ZUSAMMENGERÜHRT ALS GEKAUFT: 5 EL OLIVENÖL MIT 3 EL ESSIG, SALZ, PFEFFER UND 1 PRISE ZUCKER VERQUIRLEN – FERTIG. WOZU ALSO GELD FÜR FERTIGE SAUCEN AUSGEBEN?

FRÜHSTÜCK

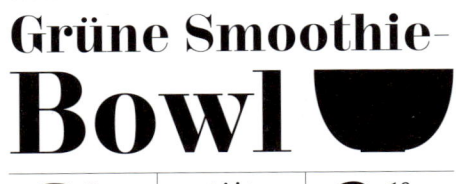

Grüne Smoothie-Bowl

2 Port. | 👑 | 10 Min.

Für den Smoothie: 1 reife Banane (ca. 200 g), 1 Apfel (ca. 150 g), 1 Möhre (ca. 100 g), 50 g Babyspinat, 5 g Leinöl, 1 EL Mandelmus, 1 EL Zitronensaft, 100 ml Orangensaft
Für das Topping: 1 kleine Banane (ca. 120 g), 2 EL Haferflocken, 1 EL Chia-Samen, 2 EL gehackte Walnüsse, einige Himbeeren

● Banane schälen, Apfel waschen, vierteln und das Kerngehäuse entfernen. Möhre schälen. Banane, Apfel und Möhre in grobe Stücke schneiden. Spinat waschen und abtropfen lassen.
● Alles zusammen mit den restlichen Zutaten für den Smoothie in den Mixtopf geben und **30 Sek./Stufe 10** verrühren. Mit dem Spatel die Masse am Rand herunterschieben und nochmals **30 Sek./Stufe 10** mixen.
● In eine Schüssel oder in Suppenteller füllen. Für das Topping die Banane schälen und kleinschneiden. Die Smoothie-Bowl mit allen Toppingzutaten garnieren.

Nährwerte: 340 kcal, 49 g KH, 7 g E, 9 g F

Mandel-Himbeer-Smoothie

2 Port. | 👑 | 5 Min.

1 Banane (ca. 175 g), 1 großer Apfel (ca. 120 g), 250 g Himbeeren, 30 g Mandeln, 125 ml Mandeldrink, 3–4 Eiswürfel, 1–2 TL Chia-Samen

● Banane schälen und in grobe Stücke schneiden. Apfel waschen, vierteln und das Kerngehäuse entfernen. Himbeeren verlesen.
● Banane und Apfel mit den restlichen Zutaten im Mixtopf **1 Min./Stufe 10** mixen.
● In Gläser füllen und sofort servieren.

Tipp: Verfeinern Sie den Smoothie mit etwas Mandelmus. Beachten Sie jedoch, dass 1 TL 60 kcal enthält.

Nährwerte: 290 kcal, 31 g KH, 7 g E, 11 g F

Rucola-Bananen-Smoothie

2 Port. | 👑 | 5 Min.

40 g Rucola, 1 Banane (ca. 175 g), 2 Kiwis, 150 g Orangensaft, 1 TL flüssiger Honig, 3–4 Eiswürfel

● Rucola putzen, waschen und abtropfen lassen. Banane schälen und in grobe Stücke schneiden. Kiwis schälen und halbieren.
● Rucola und Früchte zusammen mit allen anderen Zutaten im Mixtopf **1 Min./Stufe 10** mixen.
● In Gläser füllen und sofort servieren.

Tipp: Genießen Sie diesen Smoothie sofort, denn durch die Kiwis wird er bei längerem Stehen schnell bitter.

Nährwerte: 155 kcal, 31 g KH, 3 g E, 1 g F

FRÜHSTÜCK

Beeren-Smoothie

2 Port. | 5 Min.

150 g Brombeeren, 150 g Heidelbeeren, 1 EL Agavendicksaft, 200 g Joghurt (1,5 % Fett), 50 g Milch (1,5 % Fett), 30 g Haferflocken

- Brombeeren und Heidelbeeren verlesen, waschen und abtropfen lassen.
- Brombeeren und Heidelbeeren mit allen anderen Zutaten im Mixtopf **1 Min./Stufe 10** mixen.
- In Gläser füllen und sofort servieren.

Variante: Ersetzen Sie den Joghurt durch Kefir oder Mandeldrink.

Nährwerte: 230 kcal, 35 g KH, 7 g E, 4 g F

Bananen-Kaffee-Smoothie

2 Port. | 2 Std. | 2 Std. 10 Min.

2 Tassen starker Kaffee (ca. 400 ml), 1 Banane (ca. 175 g), 1 EL Kakaopulver, 2 TL Agavendicksaft, 20 g Haferflocken, 250 g Milch (1,5 % Fett), 1–2 Prisen Zimt

- Kaffee ca. 2 Std. in Eiswürfelbeuteln oder -behältern einfrieren.
- Banane schälen und in groben Stücken in den Mixtopf geben. 10–12 Kaffee-Eiswürfel und die restlichen Zutaten hinzugeben und alles **30 Sek./Stufe 10** mixen.
- In 2 Gläser füllen und sofort servieren.

Nährwerte: 220 kcal, 34 g KH, 8 g E, 5 g F

Exotic Smoothie

2 Port. | 5 Min.

½ Mango, 2 Nektarinen (ca. 200 g), 200 g Ananas, 2 EL Kokosflocken, 200 g Orangensaft

- Die Mango und die Nektarinen schälen und entsteinen. Die Ananas schälen. Die Früchte in grobe Stücke schneiden und in den Mixtopf geben.
- Kokosflocken und Orangensaft hinzufügen und **1 Min./Stufe 10** mixen.
- In Gläser füllen und sofort servieren.

Nährwerte: 250 kcal, 44 g KH, 3 g E, 3 g F

FRÜHSTÜCK

Overnight Bircher Müsli

4 Port. | 👑 | 10 Min. + Durchziehen über Nacht

30 g Haselnusskerne, 2 Äpfel, 1 Banane, 250 g Joghurt (1,5 % Fett), 60 g Milch (1,5 % Fett), 30 g Agavendicksaft, 30 g Dinkelflocken, Saft von ½ Zitrone

● Nüsse in den Mixtopf geben, **15 Sek./Stufe 5** hacken und in eine Schüssel umfüllen.
● Äpfel waschen, vierteln und die Kerngehäuse entfernen. Banane schälen und in grobe Stücke schneiden. Beides im Mixtopf **5 Sek./Stufe 4** zerkleinern.
● Joghurt, Milch, Agavendicksaft, Dinkelflocken und Zitronensaft hinzugeben und alles **20 Sek./Stufe 3/Linkslauf** verrühren.
● Nüsse hinzugeben und nochmals **10 Sek./Stufe 3/Linkslauf** rühren. Über Nacht im Kühlschrank durchziehen lassen.

Tipp: Verfeinern Sie das Müsli mit etwas Zimt, Kokosflocken oder Rosinen. In der kalten Jahreszeit sorgen 1–2 TL Lebkuchengewürz für winterliche Stimmung. Das Müsli hält sich einige Tage im Kühlschrank.

Nährwerte: 230 kcal, 35 g KH, 6 g E, 3 g F

Pfirsich-Kokos-Porridge

2 Port. | 👑 | 15 Min.

1 Pfirsich, 40 g Haferflocken, 4 EL Kokosmilch (6 % Fett), 20 g Kokosflocken, 1 Handvoll Himbeeren, 1 EL Mandelmus

● Pfirsich waschen, entsteinen, klein schneiden und zusammen mit Haferflocken, Kokosmilch und 200 g Wasser in den Mixtopf geben. **8 Min./100 Grad/Stufe 1/Linkslauf** köcheln lassen.
● Inzwischen Kokosflocken in einer beschichteten Pfanne ohne Fett anrösten.
● Mandelmus zu dem Porridge geben und nochmals **1 Min./100 Grad/Stufe 1/Linkslauf** köcheln.
● In eine Schüssel geben. Himbeeren verlesen und zusammen mit den Kokosflocken darauf verteilen.

Nährwerte: 240 kcal, 19 g KH, 6 g E, 14 g F

▶ *Pfirsich-Kokos-Porridge*

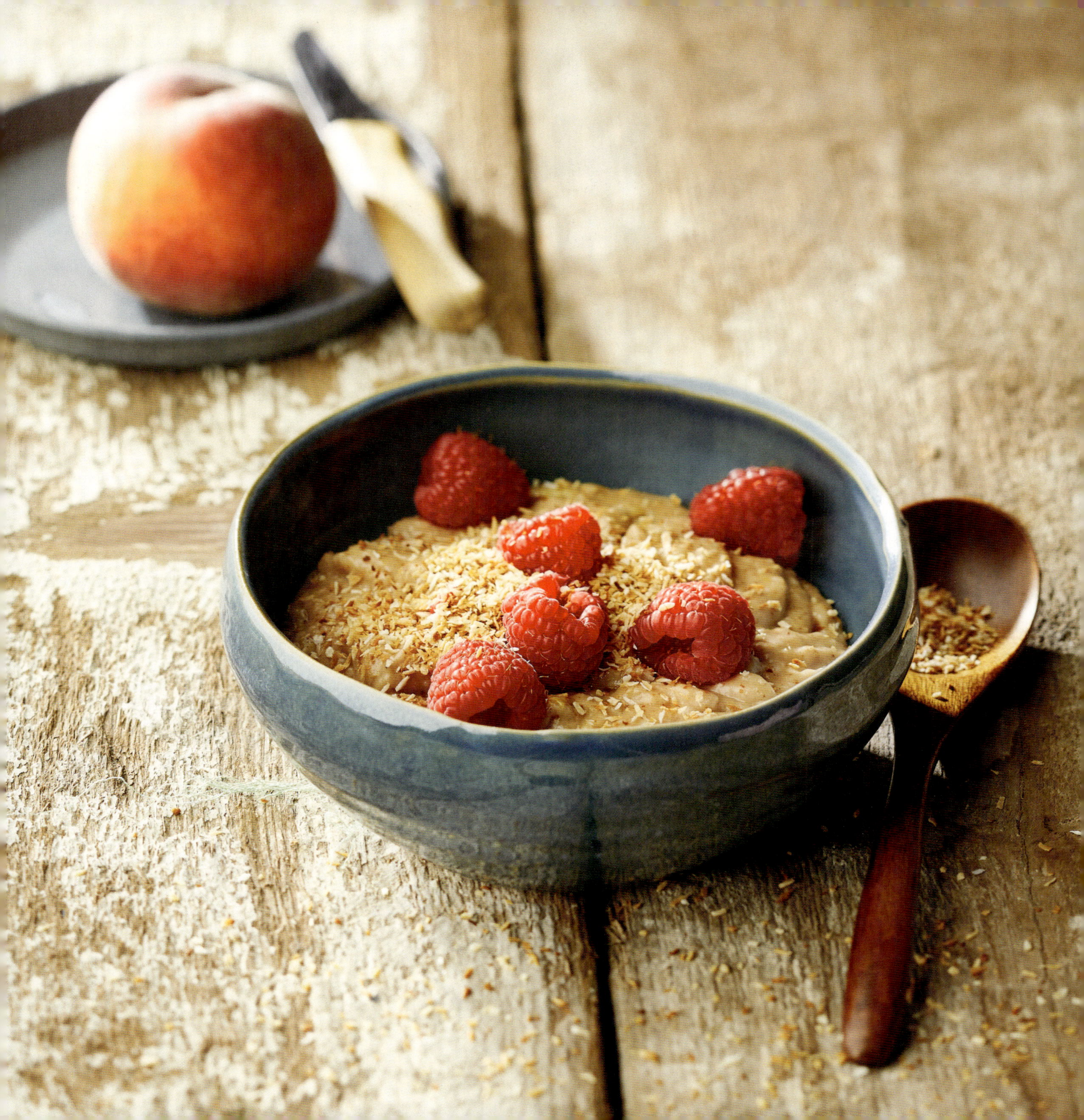

Suppen und Salate

2 Port. | **35 Min.** | **20 Min.**

Apfel-Curry-Suppe

2 Zwiebeln, 1–2 Knoblauchzehen, 2 cm frischer Ingwer, 50 g Pastinake, 2–3 Äpfel (ca. 400 g), 20 g Rapsöl, 400 g Hühnerbrühe, 100 g Apfelsaft, 100 g Kochsahne (15 % Fett), 1 gehäufter EL Curry, Cayennepfeffer, Pfeffer, Salz

- Zwiebeln, Knoblauch, Ingwer und Pastinake schälen und alles grob zerkleinern.
- Äpfel waschen, vierteln, Kerngehäuse entfernen und das Fruchtfleisch in grobe Stücke schneiden.
- Alles im Mixtopf **10 Sek./Stufe 5** zerkleinern. Öl hinzugeben und **3 Min./120 Grad/Stufe 1** dünsten.
- Brühe, Apfelsaft, Kochsahne und Curry hinzufügen und **20 Min./90 Grad/Stufe 2** kochen.
- Anschließend **30 Sek./Stufe 4–6–8** stufenweise pürieren und mit Cayennepfeffer, Pfeffer und Salz abschmecken.

Tipp: Verwenden Sie hierfür das selbst gemachte Currypulver von Seite 36!

Nährwerte: 295 kcal, 36 g KH, 2 g E, 14 g F

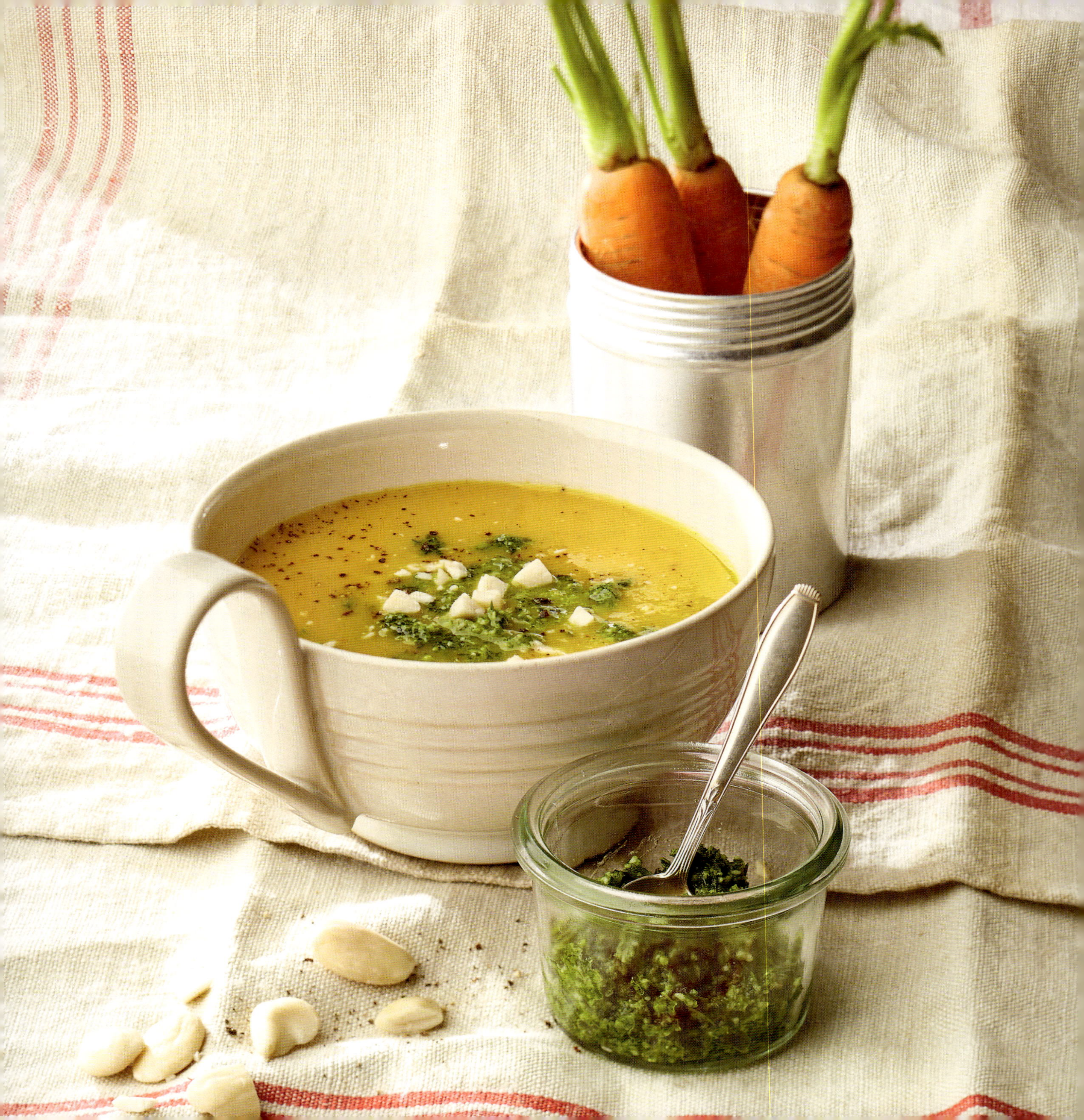

SUPPEN UND SALATE

Möhrensuppe mit Pesto

🍴 4 Port. 👑 🕐 45 Min. 💚 30 Min.

30 g geschälte Mandeln, 1 Bund Möhren mit Grün (ca. 750 g), 30 g Parmesan, Salz, Pfeffer, 4 EL Olivenöl, 2 Zwiebeln, 1 Knoblauchzehe, 150 g Süßkartoffeln, 1 l Gemüsebrühe, geriebene Muskatnuss, Cayennepfeffer

- Mandeln in einer beschichteten Pfanne ohne Fett rösten und herausnehmen. Möhrengrün abschneiden, waschen und ca. 50 g der Blättchen abzupfen.
- Parmesan in grobe Stücke schneiden und in den Mixtopf geben. Mandeln, Möhrengrün, 5 EL Wasser, Salz und Pfeffer hinzufügen und alles **8 Sek./Stufe 8** zerkleinern. Mit dem Spatel nach unten schieben.
- 3 EL Öl langsam durch die Deckelöffnung bei **Stufe 4** auf das laufende Messer geben. In eine Schüssel umfüllen.
- Zwiebeln und Knoblauch schälen. Zwiebeln halbieren und zusammen mit dem Knoblauch im Mixtopf **5 Sek./Stufe 5** hacken.
- Restliches Öl hinzufügen und **3 Min./120 Grad/Stufe 1** dünsten. Möhren und Süßkartoffeln schälen und in kleine Stücke schneiden. Zusammen mit Gemüsebrühe im Mixtopf **30 Min./100 Grad/Stufe 2/ Linkslauf** garen.
- Suppe mit Salz, Pfeffer, Muskat und Cayennepfeffer würzen und **30 Sek./Stufe 4–6–8** stufenweise pürieren.
- Suppe in tiefe Teller geben und das Pesto darauf verteilen.

Nährwerte: 340 kcal, 22 g KH, 7 g E, 23 g F

◄ *Möhrensuppe mit Pesto*

Bärlauchsuppe

🍴 4 Port. 👑 🕐 35 Min. 💚 20 Min.

1 Zwiebel, 20 g Butter, 350 g Kartoffeln, 100 g frischer Bärlauch, 750 g Gemüsebrühe, 50 g trockener Weißwein, 200 g Frischkäse (5 % Fett), geriebene Muskatnuss, Salz, Pfeffer

- Zwiebel schälen und vierteln. Im Mixtopf **5 Sek./Stufe 5** zerkleinern. Mit dem Spatel nach unten schieben, Butter hinzugeben und **3 Min./120 Grad/Stufe 1** dünsten.
- Inzwischen Kartoffeln schälen und in Stücke schneiden. Bärlauch waschen, abtropfen lassen und grob schneiden.
- Kartoffeln, Bärlauch, Brühe und Wein hinzugeben und **20 Min./100 Grad/Stufe 1** garen.
- Dann Frischkäse hinzugeben und die Suppe **20 Sek./Stufe 4-6-8** stufenweise pürieren.
- Mit Muskat, Salz und Pfeffer abschmecken und auf Teller verteilen.

Nährwerte: 190 kcal, 19 g KH, 7 g E, 8 g F

Mediterrane Fischsuppe

4 Port. | 50 Min. | 30 Min.

2 Zwiebeln, 2 Knoblauchzehen, 20 g Olivenöl, 100 g Fenchel, 150 g Kirschtomaten, 200 g Möhren, 50 g Knollensellerie, 600 g Fischfond oder Gemüsebrühe, 250 g trockener Weißwein, Saft von 1 Zitrone, 1 Lorbeerblatt, 2–3 Prisen Pfeffer, 1 TL Salz, ¼ TL Curry, 1 TL Kräuter der Provence, 300 g Zander, 300 g Seelachsfilet, 250 g küchenfertige Garnelen (geschält und entdarmt), 1–2 EL gehackte Petersilie

● Zwiebeln schälen und vierteln. Knoblauch schälen und zusammen mit der Zwiebel im Mixtopf **5 Sek./Stufe 5** zerkleinern. Mit dem Spatel nach unten schieben, Öl hinzugeben und **3 Min./120 Grad/Stufe 1** dünsten.
● Fenchel und Tomaten waschen. Möhren und Sellerie schälen. Fenchel, Möhren und Sellerie grob zerkleinern. Alles in den Mixtopf geben und **8 Sek./Stufe 5** zerkleinern.
● Fischfond oder Gemüsebrühe, Wein, Zitronensaft, Lorbeerblatt, Gewürze und Kräuter hinzufügen und **25 Min./100 Grad/Stufe 1** garen.
● Fischfilets in grobe Stücke schneiden. Zusammen mit Garnelen in die Suppe geben und **5 Min./90 Grad/Linkslauf/Sanftrührstufe** garen.
● Nochmals abschmecken, das Lorbeerblatt herausfischen, die Suppe in Teller verteilen und mit Petersilie bestreut servieren.

Nährwerte: 340 kcal, 8 g KH, 40 g E, 10 g F

Zucchini-Pistazien-Suppe mit Garnelen

4 Port. | 40 Min. | 25 Min.

120 g Pistazien mit Schale, 1 große Zwiebel, 1 große Knoblauchzehe, 5 g Olivenöl, 200 g Knollensellerie, 100 g Kartoffeln, 100 g Petersilienwurzel, 200 g Romanesco, 600 g Gemüsebrühe, 250 ml Kochsahne (15 % Fett), Salz, Pfeffer, geriebene Muskatnuss, 8 küchenfertige Garnelen (geschält und entdarmt), 1 EL Chia-Samen

● Pistazien schälen, die Hälfte davon im Mixtopf **8 Sek./Stufe 6** zerkleinern und in eine Schüssel umfüllen.
● Zwiebeln und Knoblauch schälen, Zwiebeln vierteln und alles im Mixtopf **5 Sek./Stufe 5** zerkleinern. Öl hinzugeben und **3 Min./120 Grad/Stufe 1** dünsten.
● Sellerie, Kartoffeln und Petersilienwurzel schälen und in grobe Stücke schneiden. Den Romanesco waschen und in Röschen teilen. Gemüse zusammen mit der Gemüsebrühe in den Mixtopf geben und **25 Min./100 Grad/Stufe 2** garen.
● Inzwischen restliche Pistazien grob hacken und in einer beschichteten Pfanne ohne Öl anrösten.
● Kochsahne und zerkleinerte Pistazien in die Suppe geben. Stufenweise **20 Sek./Stufe 4–6–8** pürieren. Mit Salz, Pfeffer und Muskat abschmecken.
● Garnelen in die Suppe geben und 5 Min. ziehen lassen.
● In Tellern anrichten und mit den gerösteten Pistazien und den Chia-Samen bestreut servieren.

Nährwerte: 370 kcal, 11 g KH, 29 g E, 21 g F

▶ *Mediterrane Fischsuppe*

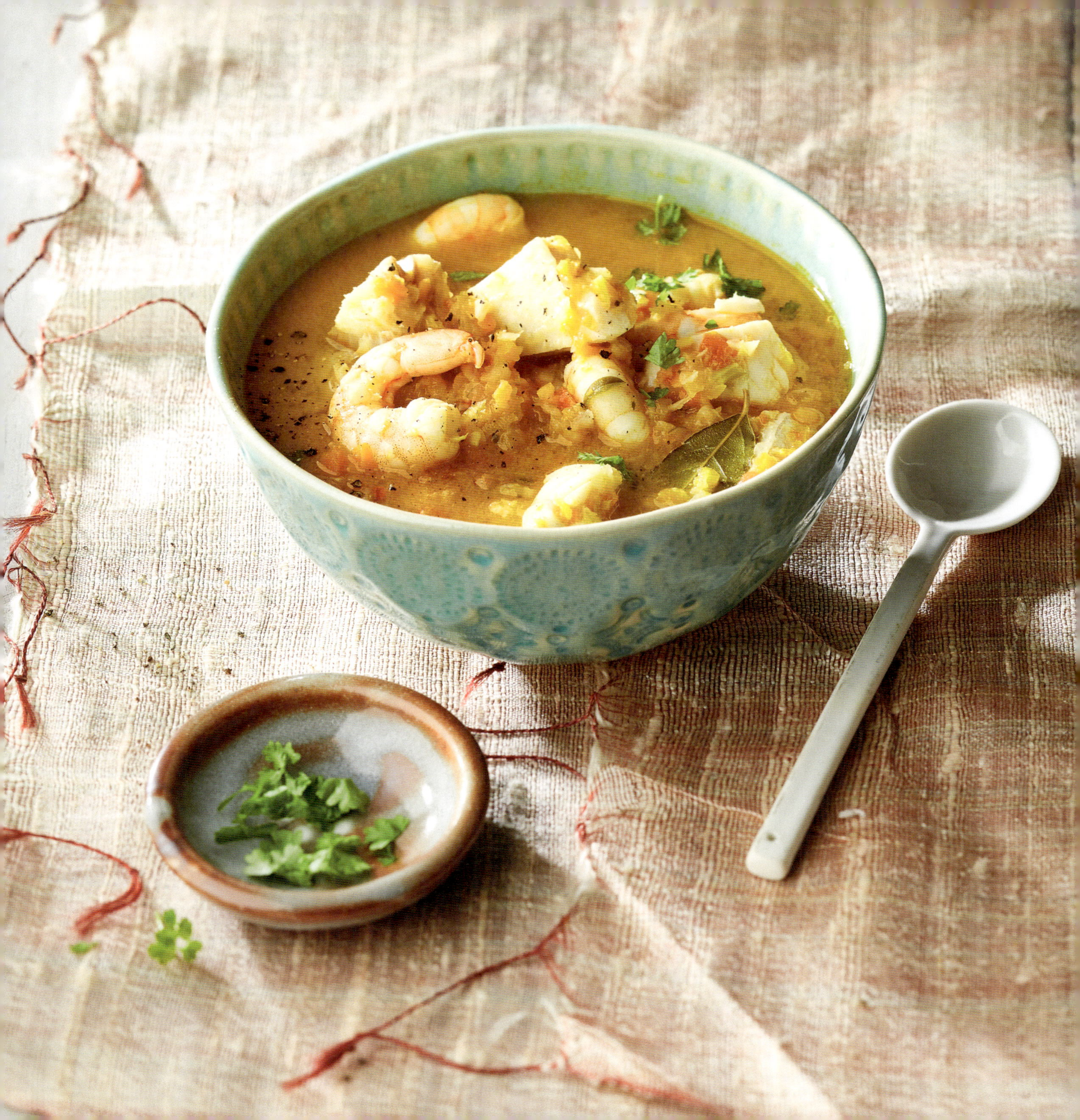

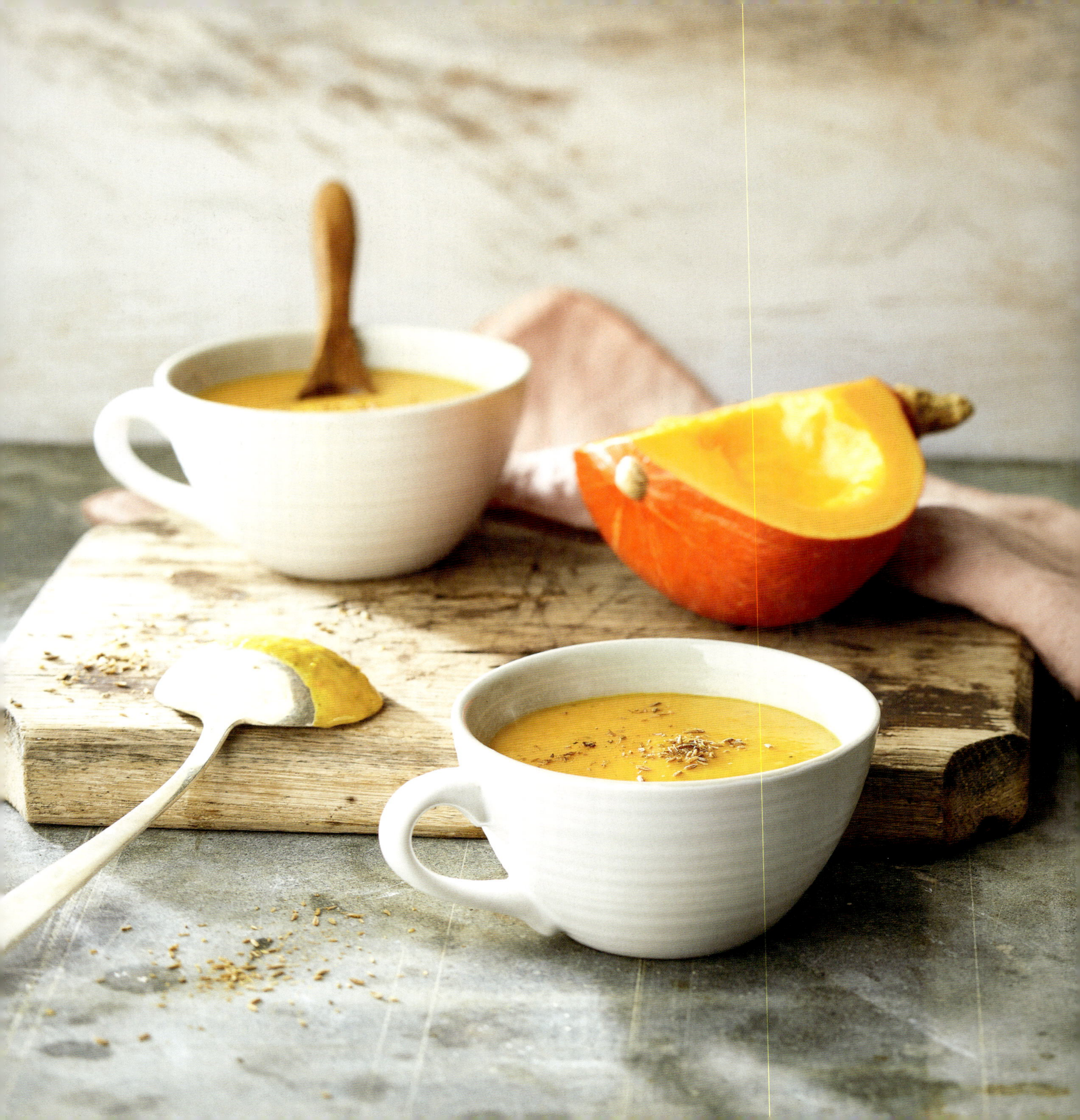

Spinat-Kohlrabi-Suppe

4 Port. | 👑 | 40 Min. | 💚 25 Min.

1–2 Schalotten, 1 EL Butter (10 g), 300 g Kohlrabi, 1 Kartoffel (ca. 100 g), 300 g Blattspinat (frisch oder TK, aufgetaut), 750 g Gemüsebrühe, 100 g Sahne, Pfeffer, geriebene Muskatnuss, Salz

- Schalotten schälen und im Mixtopf **5 Sek./Stufe 5** zerkleinern. Butter hinzugeben und **3 Min./120 Grad/Stufe 1** dünsten.
- Kohlrabi und Kartoffel schälen und in grobe Stücke schneiden. Frischen Spinat waschen und abtropfen lassen. Spinat grob klein schneiden. Kohlrabi, Kartoffel und Spinat im Mixtopf **8 Sek./Stufe 5** zerkleinern.
- Gemüsebrühe hinzugeben und alles **25 Min./100 Grad/Stufe 2** garen.
- Sahne, Pfeffer und Muskat hinzufügen und die Suppe **10 Sek./Stufe 4–6–8** stufenweise pürieren.
- Die Suppe mit Salz, Pfeffer und Muskat abschmecken und auf Teller verteilen.

Nährwerte: 170 kcal, 10 g KH, 5 g E, 11 g F

◂ *Kürbis-Kokos-Suppe mit Mango*

Asia-Spargel-suppe

💚 1 Std. 25 Min. | 4 Port. | 👑👑 | 2 Std.

250 g Hähnchenbrustfilet, 3 EL Sojasauce, 1 EL Austernsauce (Asialaden), 500 g weißer Spargel, 1 Zwiebel, 1 Knoblauchzehe, 1 EL Sesamöl, 1 Möhre, 1 kleine Lauchstange (ca. 150 g), 1 l Hühnerbrühe, 50 g Erbsen, 30 g Sherry, 50 g asiatische Instantnudeln

- Hähnchenbrust waschen und in Streifen schneiden. Mit Soja- und Austernsauce vermischen, 1 Std. im Kühlschrank marinieren.
- Inzwischen Spargel schälen, die holzigen Enden abschneiden und die Stangen in ca. 3 cm lange Stücke schneiden.
- Zwiebel und Knoblauch schälen, Zwiebel vierteln und beides im Mixtopf **5 Sek./Stufe 5** zerkleinern. Öl hinzufügen und **3 Min./120 Grad/Stufe 1** dünsten.
- Möhre schälen, Lauch waschen und beides in grobe Stücke schneiden. Gemüse im Mixtopf **5 Sek./Stufe 5** zerkleinern.
- Brühe aufgießen, Spargel hinzugeben und **15 Min./100 Grad/Stufe 1** garen.
- Hähnchenbrust zusammen mit Marinade, Erbsen und Sherry dazugeben und nochmals **8 Min./100 Grad/Stufe 1/Linkslauf** garen.
- Asianudeln nach Packungsanweisung gar ziehen lassen. In die Suppe geben und auf Teller verteilen.

Nährwerte: 240 kcal, 21 g KH, 21 g E, 5 g F

Kürbis-Kokos-Suppe

4 Port. | 👑 | 40 Min. | 💚 25 Min.

1 kg Hokkaidokürbis, 1 Schalotte, 2 Knoblauchzehen, 2 cm frischer Ingwer, 1 EL Butter, 3–4 TL Curry, 300 g Süßkartoffeln, 1 reife Mango (ca. 350 g), 1 l Gemüsebrühe, 500 ml Kokosmilch (6% Fett), gemahlener Kreuzkümmel, Cayennepfeffer, Salz, Pfeffer

- Kürbis waschen, in Spalten schneiden, entkernen und in grobe Stücke schneiden.
- Schalotte, Knoblauch und Ingwer schälen. Zusammen im Mixtopf **5 Sek./Stufe 5** zerkleinern.
- Butter hinzufügen und **3 Min./120 Grad/Stufe 1** dünsten. Dann auch Curry und Kürbis hinzufügen und nochmals **3 Min./120 Grad/Stufe 1** dünsten.
- Süßkartoffeln und Mango schälen und in grobe Stücke schneiden. Zusammen mit der Gemüsebrühe in den Mixtopf geben und **20 Min./100 Grad/Stufe 2** garen.
- Kokosmilch und Gewürze hinzugeben und nochmals **5 Min./100 Grad/Stufe 2** garen.
- Anschließend die Suppe **20 Sek./Stufe 4–6–8** stufenweise pürieren. Mit Salz und Pfeffer abschmecken und auf Teller verteilen.

Nährwerte: 420 kcal, 63 g KH, 8 g E, 14 g F

SUPPEN UND SALATE

Graupen-Gemüsesuppe

4 Port. | 50 Min. | 35 Min.

30 g Parmesan, 1 Zwiebel, 60 g magere Schinkenwürfel, 40 g Butter, 100 g Möhren, 100 g Knollensellerie, 100 g Lauch, 100 g Graupen, 1 l Rinderbrühe, 50 g Sahne, Salz, Pfeffer, etwas gehackte Petersilie

- Parmesan in grobe Stücke schneiden, in den Mixtopf geben und **8 Sek./Stufe 10** zerkleinern. In eine Schüssel umfüllen.
- Zwiebel schälen, vierteln und im Mixtopf **5 Sek./Stufe 5** zerkleinern. Schinkenwürfel und die Hälfte der Butter hinzugeben und alles **3 Min./120 Grad/Stufe 1** dünsten.
- Möhren und Sellerie schälen, Lauch putzen und gründlich waschen. Gemüse in grobe Stücke schneiden, in den Mixtopf geben und **8 Sek./Stufe 5** zerkleinern.
- Restliche Butter hinzugeben und alles nochmals **3 Min./120 Grad/Stufe 1** dünsten.
- Dann Graupen in den Mixtopf geben und weitere **2 Min./120 Grad/Stufe 1** dünsten. Anschließend Rinderbrühe hinzufügen und **35 Min./100 Grad/Stufe 1 Linkslauf** kochen.
- Die Sahne hinzugeben und kurz auf **Stufe 3** unterrühren. Alles mit Salz und Pfeffer abschmecken.
- In Teller füllen und mit Parmesan und Petersilie bestreut servieren.

Variante: Für eine vegetarische Version einfach die Schinkenwürfel weglassen und statt Rinderbrühe Gemüsebrühe verwenden.

Nährwerte: 280 kcal, 22 g KH, 11 g E, 15 g F

Rote-Linsen-Kokos-Suppe

4 Port. | 40 Min. | 25 Min.

1 Zwiebel, 1 Knoblauchzehe, 4–5 cm frischer Ingwer, 2 TL Rapsöl, 1 TL gelbe Currypaste (Asialaden), 1 Bund Suppengrün, 150 g rote Linsen, 800 g Gemüsebrühe, 400 ml Kokosmilch (6 % Fett), Saft von ½ Zitrone, Salz, Pfeffer, Chilipulver

- Zwiebel, Knoblauch und Ingwer schälen. Zwiebel vierteln und zusammen mit Knoblauch und Ingwer im Mixtopf **5 Sek./Stufe 5** zerkleinern.
- Öl und Currypaste hinzufügen und alles **3 Min./120 Grad/Stufe 1** dünsten.
- Suppengrün putzen, waschen, in grobe Stücke schneiden und im Mixtopf **5 Sek./Stufe 5** zerkleinern. Linsen und Gemüsebrühe hinzugeben und **25 Min./100 Grad/Stufe 1** garen.
- Dann auch Kokosmilch und Zitronensaft hinzugeben und die Suppe **20 Sek./Stufe 4–6–8** stufenweise pürieren.
- Mit Salz, Pfeffer, Chilipulver und evtl. Zitronensaft abschmecken und auf Teller verteilen.

Nährwerte: 255 kcal, 28 g KH, 12 g E, 10 g F

▶ *Graupen-Gemüsesuppe*

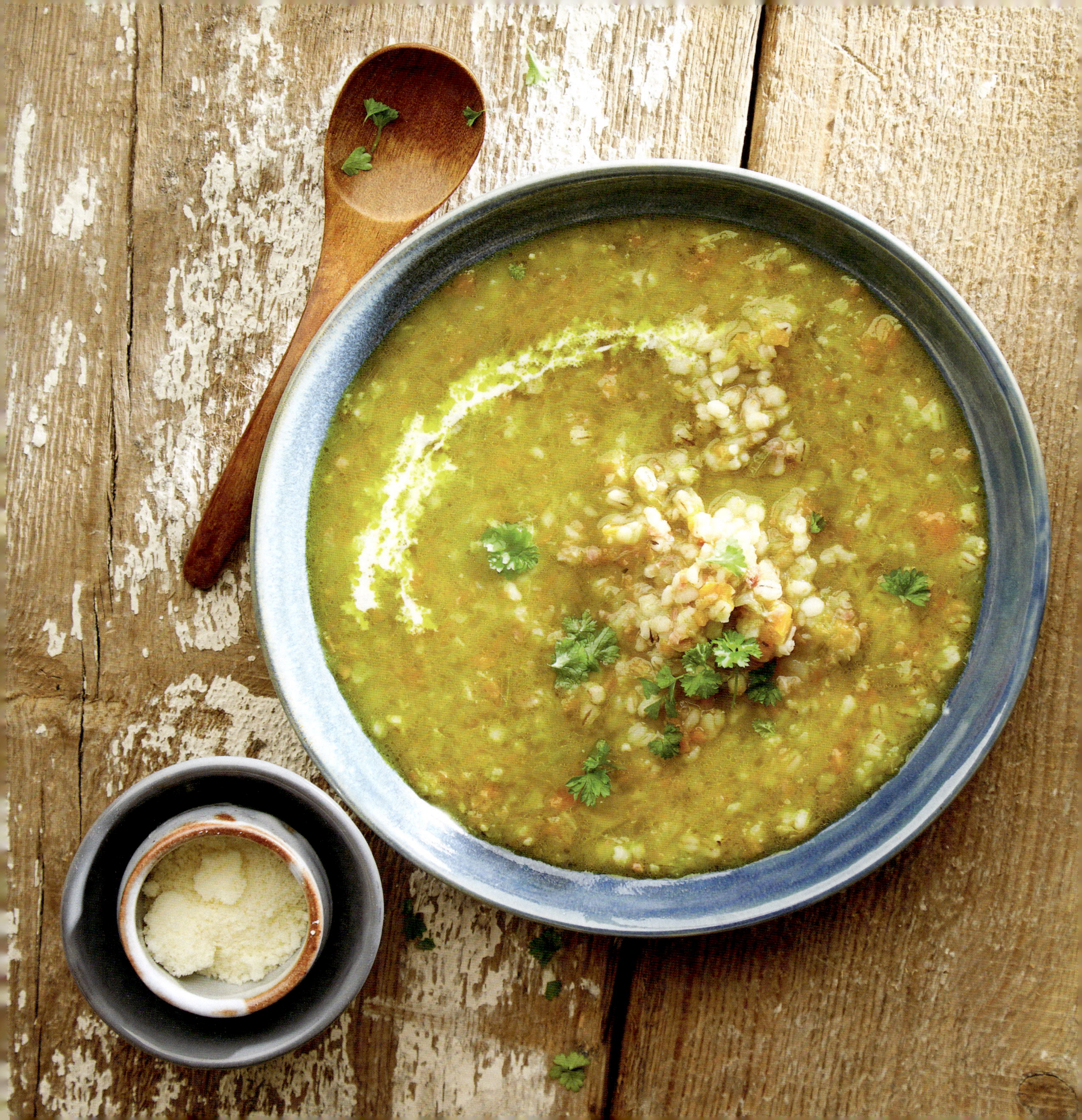

Rotkohl-Birnen-Salat

4 Port. · 10 Min.

400 g Rotkohl, 1 Birne, 1 Zwiebel, 30 g Apfelsaft, 1 EL Zitronensaft, 10 g Agavendicksaft, 40 g weißer Balsamessig, 1½ EL Mandelmus, 40 g Mandeln, 25 g Olivenöl, 2 EL gehackte Kräuter nach Wahl (Petersilie, Schnittlauch, Dill etc.), Salz, Pfeffer

- Rotkohl waschen und in grobe Stücke schneiden. Birne waschen, vierteln und das Kerngehäuse entfernen. Zwiebel schälen und vierteln. Alles im Mixtopf **6 Sek./Stufe 5** mithilfe des Spatels zerkleinern.
- Apfel- und Zitronensaft, Agavendicksaft, Balsamessig, Mandelmus, Mandeln, Olivenöl, Kräuter und Gewürze hinzufügen und **10 Sek./Stufe 2/Linkslauf** vermischen.
- Mit Salz und Pfeffer abschmecken und servieren.

Nährwerte: 230 kcal, 15 g KH, 6 g E, 15 g F

Thunfisch-Tomaten-Salat

4 Port. · 25 Min. · 14 Min.

2 Eier, 1 Bund Basilikum, 5 Tomaten, 1 Pck. Mozzarella (125 g; 8,5 % Fett), 1 Dose Thunfisch im eigenen Saft, 80 g saure Sahne, 1–2 EL Balsamessig, 1 Prise Zucker, Salz, Pfeffer

- Eier in den Gareinsatz legen, 500 g Wasser in den Mixtopf einfüllen und **14 Min./Varoma/Stufe 1** garen. Danach Eier abschrecken, abkühlen lassen, pellen und halbieren. Den Topf leeren.
- Basilikum waschen, trocken schütteln, Blätter abzupfen und in den Mixtopf geben. **3 Sek./Stufe 8** zerkleinern.
- Tomaten waschen, vierteln und vom Stielansatz befreien. Mozzarella vierteln. Tomaten, Mozzarella, Thunfisch und halbierte Eier in den Mixtopf geben und alles **8 Sek./Stufe 4** zerkleinern.
- Saure Sahne, Balsamessig und Gewürze hinzugeben und nochmals **4 Sek./Stufe 2/Linkslauf** mischen. Mit Salz und Pfeffer abschmecken und servieren.

Tipp: Schmeckt auch lecker zusammen mit einem Salatblatt in einen Wrap gewickelt.

Nährwerte: 180 kcal, 4 g KH, 19 g E, 9 g F

Rote-Bete-Salat

4 Port. · 10 Min.

400 g gegarte Rote Bete (vakuumverpackt), 2 Möhren (ca. 120 g), 1 Apfel (ca. 120 g), 20 g Walnusskerne, 1 EL Zitronensaft, 10 g Rapsöl, 30 g Balsamessig, 1 EL flüssiger Honig, Salz, Pfeffer

- Rote Bete evtl. halbieren oder vierteln. Möhren schälen. Apfel waschen, vierteln und das Kerngehäuse entfernen.
- Alles zusammen mit Walnüssen, Zitronensaft, Rapsöl, Essig, Honig, Salz und Pfeffer im Mixtopf **6 Sek./Stufe 5** mithilfe des Spatels zerkleinern.
- Mit Salz und Pfeffer abschmecken und servieren.

Nährwerte: 170 kcal, 18 KH, 3 E, 8 F

▶ *Rotkohl-Birnen-Salat*

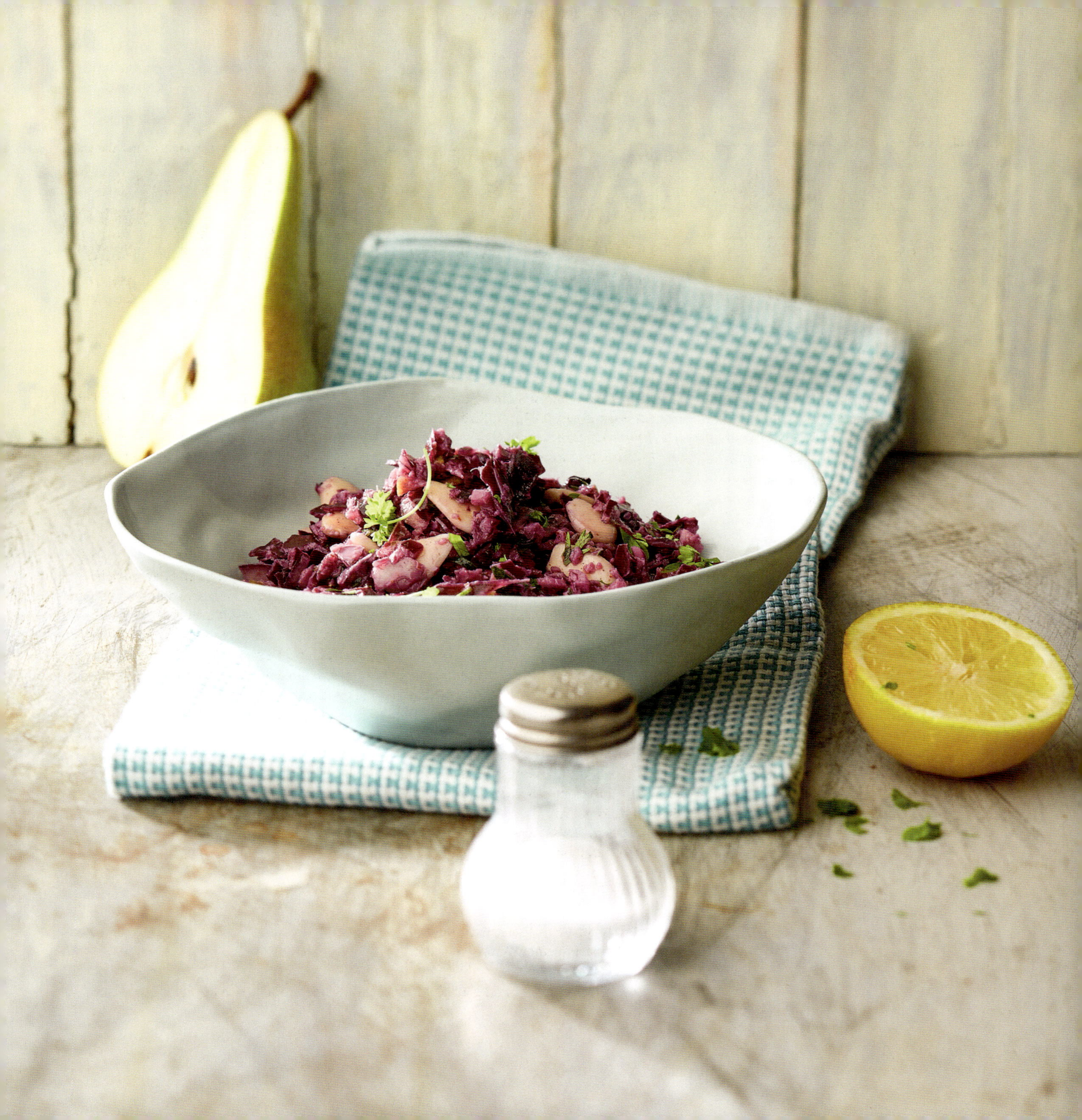

Bauernsalat mit Tofu

4 Port. | 20 Min. + 12 Std. Marinierzeit

1 Knoblauchzehe, 40 g Olivenöl, 1 TL Kräuter der Provence, 200 g fester Tofu, 1 Salatgurke, 4 Tomaten, 1 gelbe Paprikaschote, 1 Möhre, 1 rote Zwiebel, 30 g Weißweinessig, Salz, Pfeffer, 100 g Oliven

- Knoblauch schälen und im Mixtopf **5 Sek./Stufe 5** zerkleinern. Mit dem Spatel nach unten schieben. 20 g Olivenöl und Kräuter der Provence hinzufügen und **4 Sek./Stufe 3** verrühren. Tofu in Würfel schneiden, in den Mixtopf geben und **6 Sek./Stufe 1/Linkslauf** mischen. In eine Schüssel umfüllen und über Nacht marinieren lassen.
- Salatgurke schälen, halbieren und die Kerne mit einem Löffel entfernen. Gurke in grobe Stücke schneiden. Tomaten waschen, vierteln, vom Stielansatz befreien und entkernen. Paprikaschote waschen, vierteln und entkernen. Möhre schälen und in grobe Stücke schneiden. Zwiebel schälen und vierteln.
- Das vorbereitete Gemüse mit restlichem Olivenöl, Essig, Salz und Pfeffer in den Mixtopf geben und **6 Sek./Stufe 4** zerkleinern und vermischen. Anschließend abschmecken.
- Den marinierten Tofu mitsamt der Marinade in einer Pfanne anbraten. Etwas abkühlen lassen und zusammen mit den Oliven unter den Salat mischen.

Nährwerte: 210 kcal, 10 g KH, 7 g E, 15 g F

Käse-Paprika-Salat

4 Port. | 10 Min. + 30 Min. Ziehzeit

300 g Gouda, 1 rote Paprikaschote, 1 gelbe Paprikaschote, 3–4 Frühlingszwiebeln, 60 g Salatmayonnaise (5 % Fett), 70 g Joghurt (1,5 % Fett), ½ TL Curry, Salz, Pfeffer

- Gouda in grobe Stücke schneiden. Paprikaschoten waschen, vierteln und entkernen. Dann Frühlingszwiebeln waschen und in grobe Stücke schneiden.
- Alles zusammen mit den Mayonnaise, Joghurt, Curry, Salz und Pfeffer in den Mixtopf geben und **8 Sek./Stufe 4** zerkleinern und mischen. Wer den Salat etwas feiner mag, mixt ihn weitere **3 Sek./Stufe 4**.
- Salat abschmecken und bis zum Verzehr 30 Min. durchziehen lassen.

Tipp: Sie können noch 100 g Kochschinken oder Fleischwurst in groben Stücken vor dem Zerkleinern hinzugeben.

Nährwerte: 250 kcal, 8 g KH, 22 g E, 13 g F

SUPPEN UND SALATE

Blumenkohl-Nuss-Salat

4 Port. | 10 Min.

200 g Blumenkohlröschen, 200 g Möhren, 200 g Kohlrabi, 150 g Apfel, 50 g geröstete und gesalzene Cashewkerne, 15 g Balsamessig, 30 g Rapsöl, 1 TL Senf, ½ TL Salz, Pfeffer, 1 Prise Cayennepfeffer

● Blumenkohl waschen. Möhren und Kohlrabi schälen und in grobe Stücke schneiden. Apfel waschen, vierteln, das Kerngehäuse entfernen und das Fruchtfleisch in Stücke schneiden.
● Alle Zutaten in den Mixtopf geben und **4 Sek./Stufe 5** zerkleinern und vermischen.

Nährwerte: 235 kcal, 13 g KH, 6 g E, 16 g F

Klassischer Krautsalat

4 Port. | 10 Min.

1 Zwiebel, 300 g Weißkohl, 100 g Möhren, 1 Apfel, 20 g Rapsöl, 20 g Weißweinessig, 1 EL gehackte Petersilie, 1 EL Schnittlauchröllchen, 15 g flüssiger Honig, Salz, Pfeffer

● Zwiebel schälen, vierteln und im Mixtopf **5 Sek./Stufe 5** zerkleinern. Mit dem Spatel nach unten schieben.
● Weißkohl waschen und in grobe Stücke schneiden. Möhren schälen und in grobe Stücke schneiden. Apfel waschen, vierteln und das Kerngehäuse entfernen. Kohl, Möhren und Apfelstücke mit Öl, Essig, Kräutern, Honig und Gewürzen in den Mixtopf geben und **6 Sek./Stufe 4** mit Hilfe des Spatels zerkleinern. Evtl. nochmals **3 Sek./Stufe 4** zerkleinern.

Tipp: Die Möhren können Sie durch ½ Bund in Stücke geschnittene Radieschen ersetzen.

Nährwerte: 140 kcal, 12 g KH, 1 g E, 8 g F

SUPPEN UND SALATE

Sommerlicher Bulgursalat

🍴 4 Port. | 👑 | 🕐 30 Min.

3 EL Olivenöl, 250 g Bulgur, 250 g Gemüsebrühe, 1 Bund Petersilie, 1 Bund Minze, 1 Bund Koriander, 4 Tomaten, 1 Zwiebel, 1 rote Paprikaschote, ½ TL Chiliflocken, 2–3 EL Limettensaft, evtl. etwas mehr, 2 Prisen Zucker, Salz, Pfeffer

● 1 EL Öl in einem Topf erhitzen. Bulgur hineingeben und 1 Min. andünsten.
● Gemüsebrühe angießen und aufkochen lassen. Vom Herd ziehen und zugedeckt 20 Min. quellen lassen.
● Inzwischen die Kräuter waschen, trocken schütteln und die Blätter von den Stängeln zupfen. Im Mixtopf **3 Sek./Stufe 8** hacken.
● Tomaten waschen, vierteln und Stielansatz entfernen. Zwiebel schälen und vierteln, Paprika waschen, Kerne entfernen und Paprika in grobe Stücke schneiden.
● Tomate, Zwiebel und Paprika mit Chiliflocken, Limettensaft und Zucker in den Mixtopf geben und **8 Sek./Stufe 5** zerkleinern. Zusammen mit dem restlichen Öl unter den Bulgur mischen.
● Mit Salz, Pfeffer und Limettensaft abschmecken und servieren.

Nährwerte: 340 kcal, 46 g KH, 6 g E, 13 g F

Möhren-Brokkoli-Salat

🍴 4 Port. | 👑 | 🕐 10 Min.

300 g Möhren, 1 Apfel, 1 rote Paprikaschote, 1 Orange, 200 g Brokkoli in Röschen, 30 g Walnusskerne, 50 g saure Sahne, 20 g Olivenöl, 1 TL flüssiger Honig, 10 g weißer Balsamessig, 1–2 TL Senf, 2 EL gemischte TK-Kräuter, ½ TL Salz, Pfeffer

● Möhren schälen. Apfel und Paprika waschen und vierteln. Kerngehäuse bzw. Kerne entfernen. Orange schälen und filetieren. Brokkoli waschen und putzen.
● Apfel und Gemüse mit Walnüssen, saurer Sahne, Öl, Honig, Balsamessig, Senf, Kräutern und Gewürzen in den Mixtopf geben und mit Hilfe des Spatels **9 Sek./Stufe 4** zerkleinern.
● Salat mit Pfeffer und Salz abschmecken und servieren.

Nährwerte: 190 kcal, 11 g KH, 4 g E, 13 g F

Eisbergsalat mit Gemüsedressing

🍴 4 Port. | 👑 | 🕐 10 Min.

1 Möhre, 3 Tomaten, ½ Zucchini, 1 gelbe Paprikaschote, 2 Lauchzwiebeln, 1 Apfel, 10 g Olivenöl, 20 g Balsamessig, 20 g flüssiger Honig, 1 TL Senf, 1 EL saure Sahne, 1 EL gehackte Petersilie, Salz, Pfeffer, 1 Eisbergsalat

● Möhre schälen. Tomaten, Zucchini, Paprika, Lauchzwiebel und Apfel waschen. Tomaten von den Stielansätzen befreien, Paprika entkernen und Lauchzwiebeln putzen. Apfel vierteln und das Kerngehäuse entfernen. Alles in grobe Stücke schneiden.
● Gemüse und Apfel zusammen mit Öl, Balsamessig, Honig, Senf, saurer Sahne, Petersilie, Salz und Pfeffer im Mixtopf **6 Sek./Stufe 5** mit Hilfe des Spatels zerkleinern und mischen.
● Eisbergsalat waschen, abtropfen lassen und zerkleinern. Salat auf Tellern anrichten und das Gemüsedressing darübergeben.

Tipp: Geben Sie noch 1 Dose Thunfisch im eigenen Saft hinzu. 100 g haben etwa 112 kcal.

Nährwerte: 120 kcal, 16 g KH, 3 g E, 4 g F

▶ *Sommerlicher Bulgursalat*

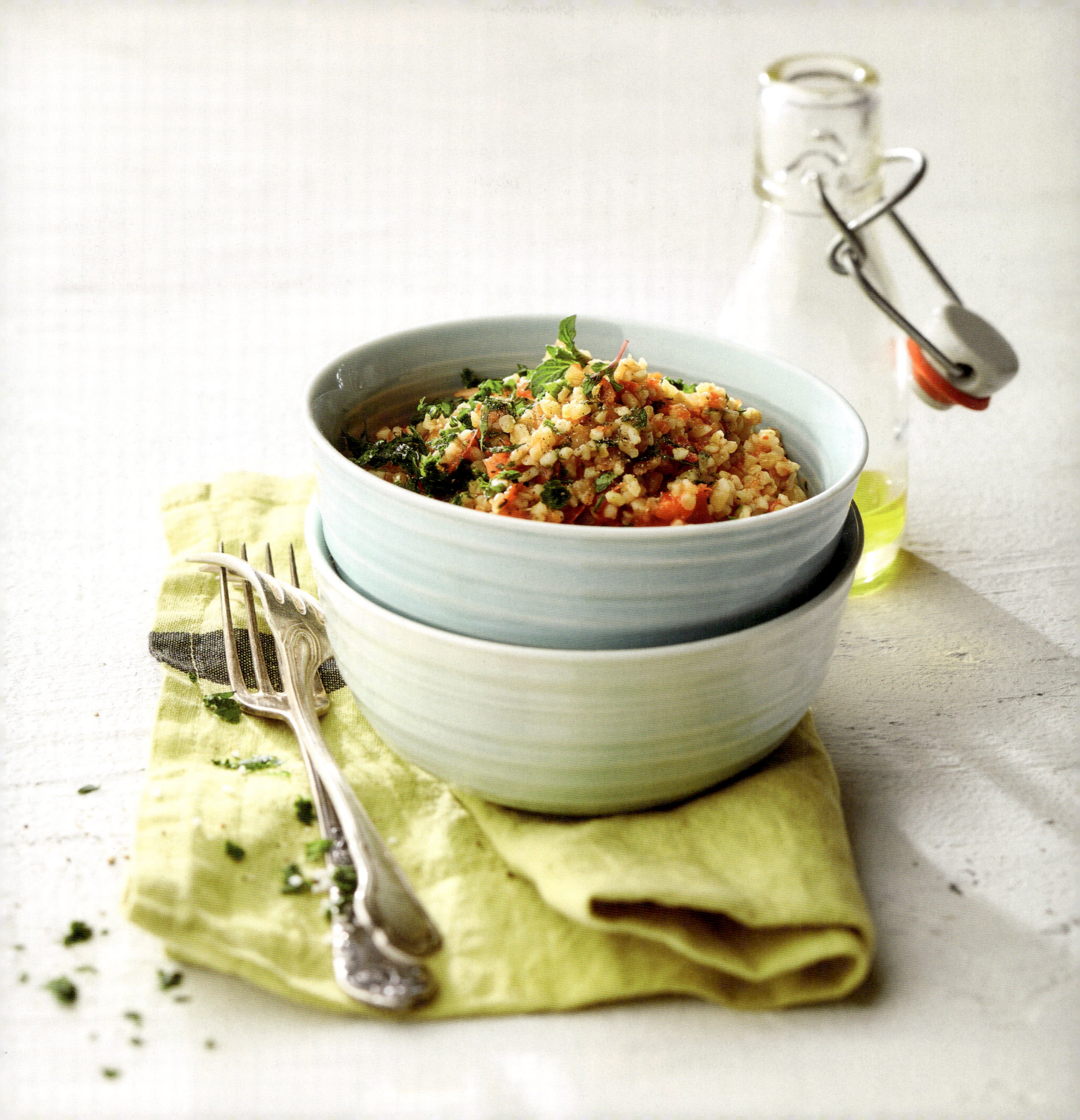

Vegetarische Gerichte

2 Port. | 25 Min.

Blumenkohl-Kokos-Curry

1–2 Zwiebeln, 2 cm frischer Ingwer, 15 g Olivenöl, 2 TL gelbe Currypaste (Asialaden), 1 Möhre, 400 g Blumenkohlröschen, 100 g Erbsen (frisch oder TK), 400 ml Kokosmilch (6% Fett), 1 ½ TL Salz, 3 Prisen Pfeffer, 6 Korianderstängel

● Zwiebeln und Ingwer schälen, Zwiebeln vierteln. Beides in den Mixtopf geben, **5 Sek./Stufe 5** zerkleinern und mit dem Spatel nach unten schieben.
● Öl und Currypaste zugeben und **3 Min./120 Grad/Stufe 1** dünsten.
● Möhre schälen, in grobe Stücke schneiden, in den Mixtopf geben und **5 Sek./Stufe 5** zerkleinern.
● Blumenkohlröschen waschen, zusammen mit Erbsen, 50 g Wasser, Kokosmilch, Salz und Pfeffer in den Mixtopf geben und **10 Min./100 Grad/Stufe 1/Linkslauf** garen.
● Koriander waschen, trocken schütteln, Blättchen abzupfen und klein schneiden. Über das Curry streuen und servieren.

Nährwerte: 320 kcal, 16 g KH, 12 g E, 19 g F

VEGETARISCHE GERICHTE

Eier in Kräuter-Senf-Sauce

2 Port. | 👑👑 | 45 Min. | 30 Min.

400 g festkochende Kartoffeln, ½ TL Salz, 4 Eier, 1 Zwiebel, 20 g Butter, 25 g Mehl, 1 gehäufter TL Gemüsebrühe, 200 g Kochsahne (15 % Fett), 30 g Senf, 1 EL gehackte Petersilie, 1 EL gehackter Dill, 1 EL gehackter Kerbel, Pfeffer

- Kartoffeln schälen, in kleine Stücke schneiden und in das Garkörbchen geben. 500 g Wasser und Salz in den Mixtopf geben. Das Garkörbchen einsetzen. Eier in den Varoma legen, Varoma aufsetzen und alles **25 Min./Varoma/Stufe 1** garen.
- Die Garflüssigkeit in eine Schüssel umfüllen. Eier abschrecken und pellen.
- Zwiebel schälen, vierteln, in den Mixtopf geben und **5 Sek./Stufe 5** zerkleinern. Mit dem Spatel nach unten schieben. Butter hinzugeben und **3 Min./120 Grad/Stufe 1** dünsten.
- 400 g der zurückbehaltenen Garflüssigkeit (evtl. mit Wasser auffüllen), Mehl, Brühe, Kochsahne, Senf, Kräuter und Pfeffer zugeben, **5 Sek./Stufe 5** mischen und **4 Min./100 Grad/Stufe 2** aufkochen.
- Die Sauce abschmecken, über die Eier geben und mit den Kartoffeln servieren.

Nährwerte: 500 kcal, 47 g KH, 20 g E, 23 g F

Spinatknödel

4 Port. | 👑👑 | 45 Min. | 30 Min.

300 g TK-Blattspinat, 20 g Parmesan, 1 Zwiebel, 1 Knoblauchzehe, 20 g Olivenöl plus etwas für den Varoma, 2 Eier, 100 g Milch (1,5 % Fett), geriebene Muskatnuss, 1½ TL Salz, 250 g Knödelbrot (in feine Würfel geschnittene altbackene Brötchen), evtl. etwas Semmelbrösel

- Spinat auftauen. Parmesan in grobe Stücke schneiden, in den Mixtopf geben und **8 Sek./Stufe 10** reiben. In eine Schüssel umfüllen.
- Zwiebel und Knoblauch schälen und in den Mixtopf geben, **5 Sek./Stufe 5** zerkleinern und mit dem Spatel nach unten schieben. Olivenöl zugeben und **3 Min./120 Grad/Stufe 1** dünsten.
- Spinat, Eier, Milch, Parmesan, Muskat und ½ TL Salz zugeben und **3 Min./37 Grad/Sanftrührstufe/Linkslauf** erwärmen.
- Knödelbrot in eine große Schüssel geben und die lauwarme Spinat-Eier-Milch darübergießen. Mit den Händen gut vermischen, nach Bedarf noch Semmelbrösel hinzugeben.
- Mit feuchten Händen 12 Knödel formen und in den gefetteten Varoma legen.
- 600 g Wasser und 1 TL Salz in den Mixtopf geben. Varoma aufsetzen und **30 Min./Varoma/Stufe 1** garen.

Nährwerte: 420 kcal, 59 g KH, 18 g E, 11 g F

▶ *Eier in Kräuter-Senf-Sauce*

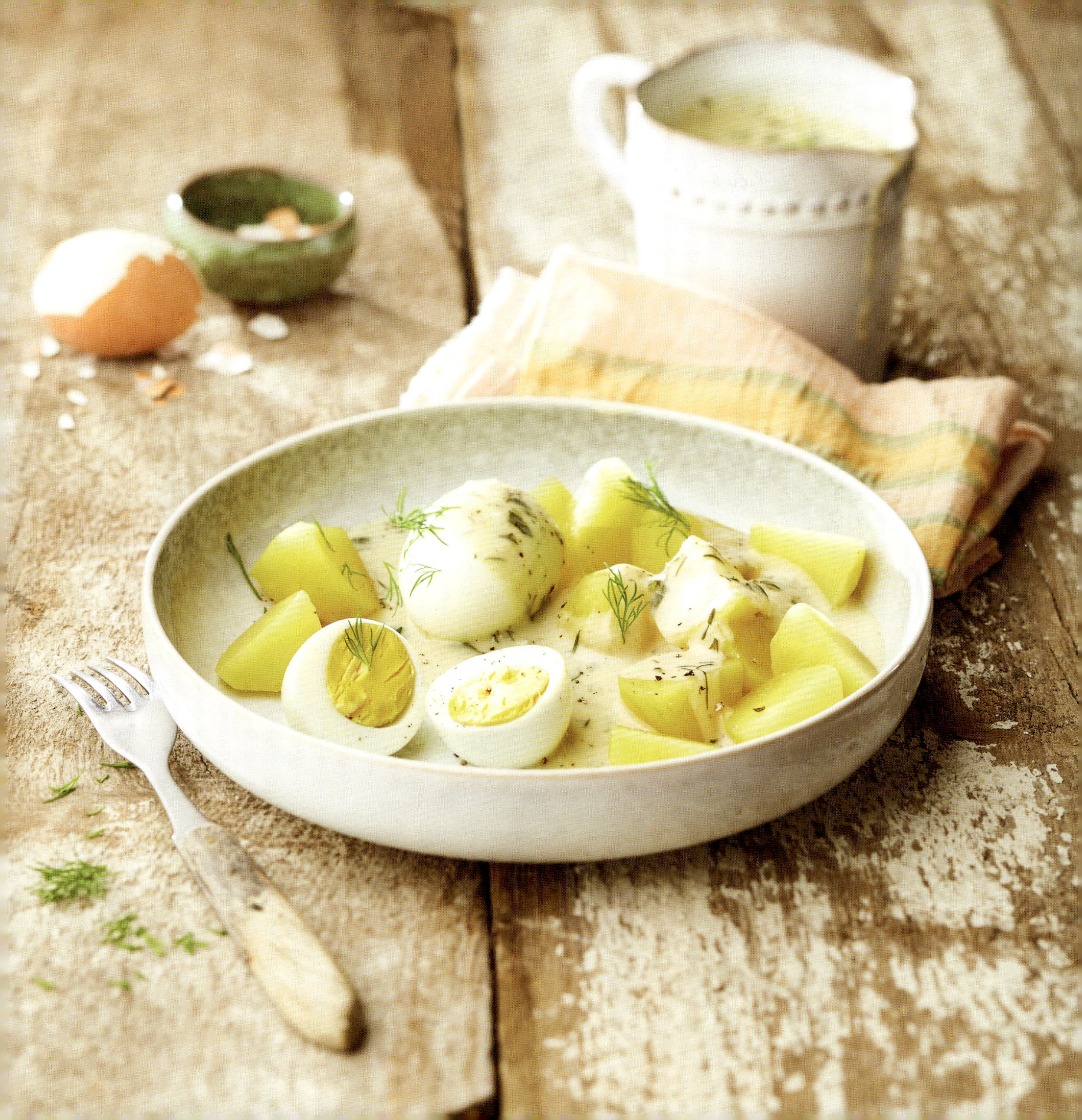

Heute wird es saftig! Der Smoothie-Tag

GENIESSEN SIE EINEN GANZEN TAG LANG NUR FLÜSSIGE VITAMIN- UND MINERALSTOFFBOMBEN UND FÜHLEN SICH FIT UND VITAL.

Wer kennt das nicht, das Gefühl, zu oft beim Essen gesündigt zu haben und nun die Rache in Form von kleinen Pölsterchen an Hüfte und Bauch präsentiert zu bekommen? Oder fühlen Sie sich einfach schlapp und müssen mal wieder neue Kraft tanken? Dann legen Sie einen Tag ein, an dem Sie auf feste Nahrung verzichten und stattdessen geballte Energie in Form von pürierten Früchten und Gemüse zu sich nehmen. Mit unseren leckeren Smoothie-Rezepten und dank Ihres Thermomix ist das super-easy.

Smoothies sind vielseitig Ob reine Obst- oder Gemüse-Smoothies oder eine Mixversion aus beiden, ob mit Wasser, Fruchtsaft oder Milchprodukten – Ihnen stehen unzählige Möglichkeiten offen. Aufpeppen können Sie Ihren Smoothie durch den Zusatz von Haferflocken, Leinsamen und Kleie oder von Superfoods wie z. B. Goji-Beeren oder Chia-Samen. Auch Gewürze oder Kräuter sind zum Verfeinern bestens geeignet.
Achten Sie bei der Auswahl der Früchte und Gemüse besonders auf Qualität, Frische und saisonale Erhältlichkeit. Somit sorgen Sie automatisch für Abwechslung. Für Ihren Smoothie-Tag können Sie die Rezepte aus diesem Buch (Seite 38) ausprobieren, oder aber Sie mixen sich Ihren Lieblingsdrink nach Ihrem Geschmack. Suchen Sie sich insgesamt 3 Smoothies für Frühstück, mittags und abends aus. Der zeitliche Abstand zwischen den einzelnen Drinks sollte 3 bis 4 Stunden betragen. Für zwischendurch können Sie auf Kräutertee und Wasser, am besten stilles, zurückgreifen.

Die grüne Variante Grüne Smoothies sind eine spezielle Variante der Powerdrinks. Sie enthalten immer eine große Portion grünes Gemüse. Hierfür eignen sich sowohl Blattsalate, wie Feldsalat, Spinat oder Rucola, als auch Kohlsorten, z. B. Grünkohl oder Wirsing. Aber auch das Blattgrün von Möhren oder Kohlrabi, das normalerweise in der Biotonne landet, kann verwendet werden. Hinzu kommen noch Früchte und Wasser oder Obstsaft.
Im Pflanzengrün stecken reichlich Vitamine und Mineralien. Dazu noch unzählige sekundäre Pflanzenstoffe, besonders das Chlorophyll, der grüne Farbstoff. Sie stärken das Immunsystem, schützen den Körper vor freien Radikalen und töten Krankheitserreger ab.

Gesund gemixt Durch das Mixen nehmen wir unseren Verdauungsorganen erhebliche Arbeit ab und entlasten sie somit. Die Pflanzenfasern werden im Mixer zerschlagen, die wertvollen Inhaltsstoffe können so leichter vom Darm aufgenommen werden. Wichtig dabei ist auch, dass Sie den Smoothie in kleinen Schlucken zu sich nehmen, denn die Verdauung beginnt bereits im Mund mit den im Speichel vorhanden Enzymen.

Smooooth

WUSSTEN SIE, DASS SICH DER NAME »SMOOTHIE« VOM ENGLISCHEN »SMOOTH« FÜR »FEIN«, »GLEICHMÄSSIG«, »CREMIG« ABLEITET? DAMIT BESCHREIBT DER BEGRIFF PERFEKT DIE KONSISTENZ DER POWERDRINKS.

1920

Smoothies stammen aus den Vereinigten Staaten. Bereits in den 1920er-Jahren wurden sie in Saftbars angeboten.

DRINK & GO

Sie eignen sich prima zum Mitnehmen ins Büro oder zum Sport. Im Handel sind zahlreiche praktische Flaschen und Becher für den Transport erhältlich.

Very cool

Für einen kühlen, erfrischenden Smoothie mixen sie einfach einige Eiswüfel mit oder eine Kugel Eissorbet.

For Beginners

Smoothie-Neulingen wird empfohlen, mit einem höheren Obstanteil (ca. 60 %) zu beginnen, so schmeckt das softe Getränk lecker süß. Hat man sich an die Geschmackskombination mit dem »Grünzeug« gewöhnt, darf es gerne mehr davon werden.

Ein bisschen Wellness

GÖNNEN SIE SICH AN IHREM SMOOTHIE-TAG DOCH GLEICH EINE AUSZEIT – MIT EINER ENTSPANNENDEN AVOCADO-GESICHTSMASKE, DIE SIE IN IHREM THERMOMIX HERSTELLEN. DAFÜR DAS FRUCHTFLEISCH VON ½ REIFEN AVOCADO IM MIXTOPF 10 SEK./STUFE 5 ZERKLEINERN. 1 BIS 2 EL NATURJOGHURT UND 1 TL HONIG HINZUGEBEN UND 5 SEK./STUFE 3 VERRÜHREN. DIE MASKE EIGNET SICH GUT FÜR TROCKENE HAUT. LASSEN SIE SIE 15 BIS 20 MIN. EINWIRKEN.

VEGETARISCHE GERICHTE

One Pot Pasta mit Tomaten

4 Port. | 30 Min. | 15 Min.

20 g Parmesan, 1 Zwiebel, 1 Knoblauchzehe, 10 g Olivenöl, 1 Zucchini (ca. 200 g), 750 g Gemüsebrühe, 1 EL Ajvar, 2 EL Tomatenmark, 500 g Kirschtomaten, 1 Bund Basilikum, 1 TL Oregano, ½ TL Thymian, 1 TL Salz, Pfeffer, 1 TL Zucker, 300 g Rigatoni

● Parmesan in grobe Stücke schneiden, in den Mixtopf geben und **8 Sek./Stufe 10** reiben. In eine Schüssel umfüllen.
● Zwiebel und Knoblauch schälen, Zwiebel vierteln. Beides im Mixtopf **5 Sek./Stufe 5** zerkleinern. Mit dem Spatel nach unten schieben. Öl hinzufügen und **3 Min./120 Grad/Stufe 1** dünsten.
● Zucchini waschen, putzen, in grobe Stücke schneiden, in den Mixtopf geben und **8 Sek./Stufe 5** zerkleinern. Mit dem Spatel nach unten schieben und **3 Min./120 Grad/Stufe 1** dünsten.
● Gemüsebrühe, Ajvar und Tomatenmark hinzufügen und **5 Min./100 Grad/Stufe 1** garen.
● Tomaten waschen, halbieren, zusammen mit Kräutern, Gewürzen und Nudeln hinzufügen und **12 Min./100 Grad/Stufe 1/Linkslauf** garen. Je nach Nudelsorte kann die Garzeit variieren. Die Nudeln müssen mit der Sauce bedeckt sein.
● Anschließend abschmecken und mit dem Parmesan servieren.

Variante: Dieses Rezept ist sehr variabel – gut passen zum Beispiel noch Oliven oder eine Chilischote dazu. Oder, für eine nicht vegetarische Variante, Schinkenwürfel oder Thunfisch.

Nährwerte: 375 kcal 61 g KH, 14 g E, 7 g F

Rote-Linsen-Bolognese

4 Port. | 35 Min. | 20 Min.

30 g Parmesan, 1 Zwiebel, 1 Knoblauchzehe, 20 g Öl, 1 Bund Suppengrün, 3 EL Tomatenmark, 200 g rote Linsen, 300 g Gemüsebrühe, 100 g trockener Rotwein, 1 Dose geschälte Tomaten (400 g), 1–2 EL Balsamessig, 1 TL Zucker, ½ TL Thymian, ½ TL Majoran, 1 TL Oregano, 1–2 Prisen Cayennepfeffer, 1 TL Salz, Pfeffer

● Parmesan in grobe Stücke schneiden, in den Mixtopf geben und **8 Sek./Stufe 10** reiben. In eine Schüssel umfüllen.
● Zwiebel und Knoblauch schälen, Zwiebel vierteln. Beides im Mixtopf **5 Sek./Stufe 5** zerkleinern. Mit dem Spatel nach unten schieben. Öl hinzufügen und alles **3 Min./120 Grad/Stufe 1** dünsten.
● Suppengrün waschen, putzen, in grobe Stücke schneiden und in den Mixtopf geben. **5 Sek./Stufe 5** zerkleinern. Mit dem Spatel nach unten schieben und Tomatenmark hinzugeben. Nochmals **3 Min./120 Grad/Stufe 1** dünsten.
● Linsen, Brühe, Wein, Tomaten, Balsamessig und Gewürze hinzufügen und **20 Min./100 Grad/Stufe 2** garen.
● Die Bolognese abschmecken und mit dem geriebenen Parmesan servieren.

Das passt dazu: Natürlich Nudeln!

Nährwerte: 380 kcal, 45 g KH, 21 g E, 10 g F

▶ *Rote-Linsen-Bolognese*

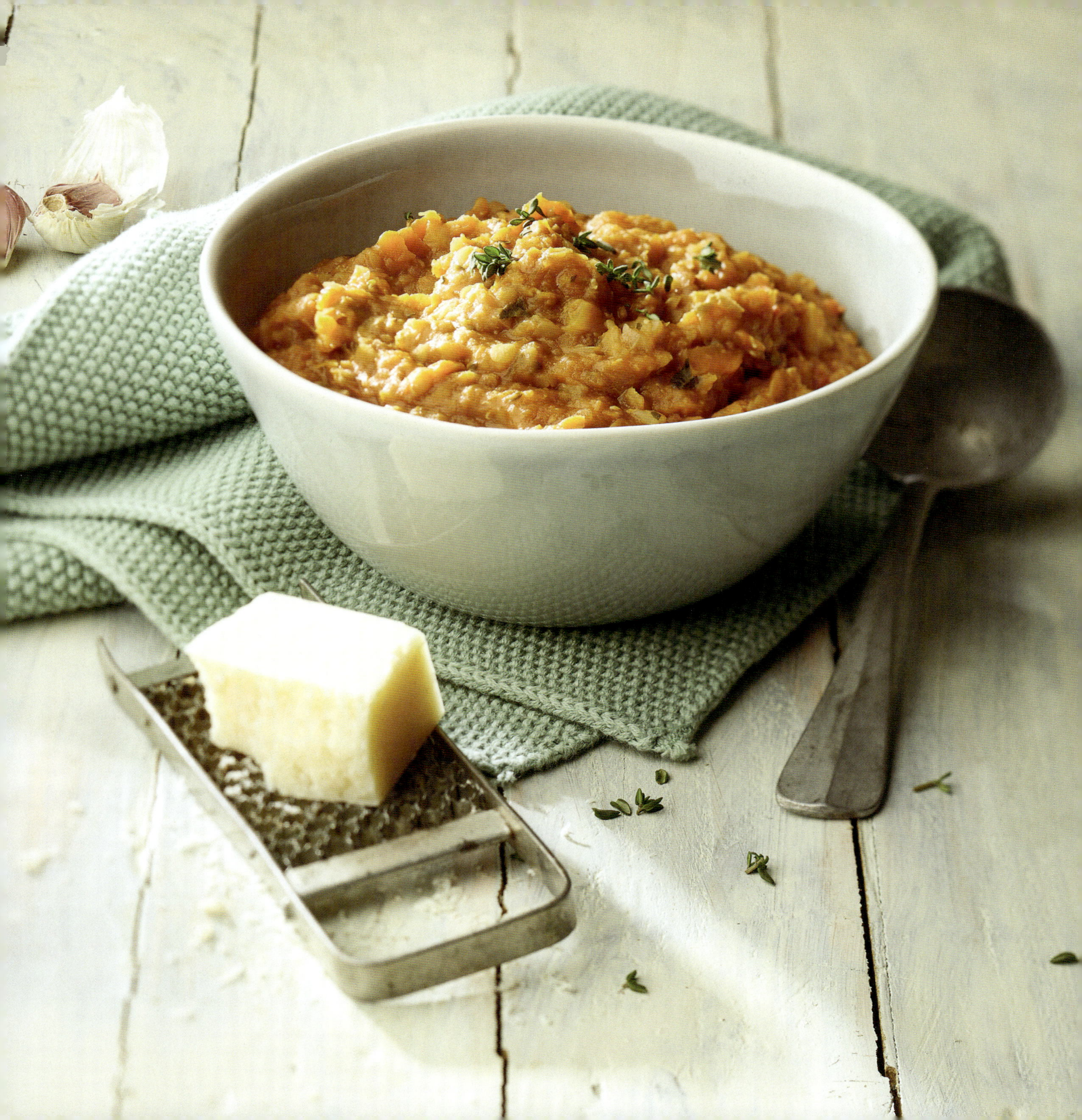

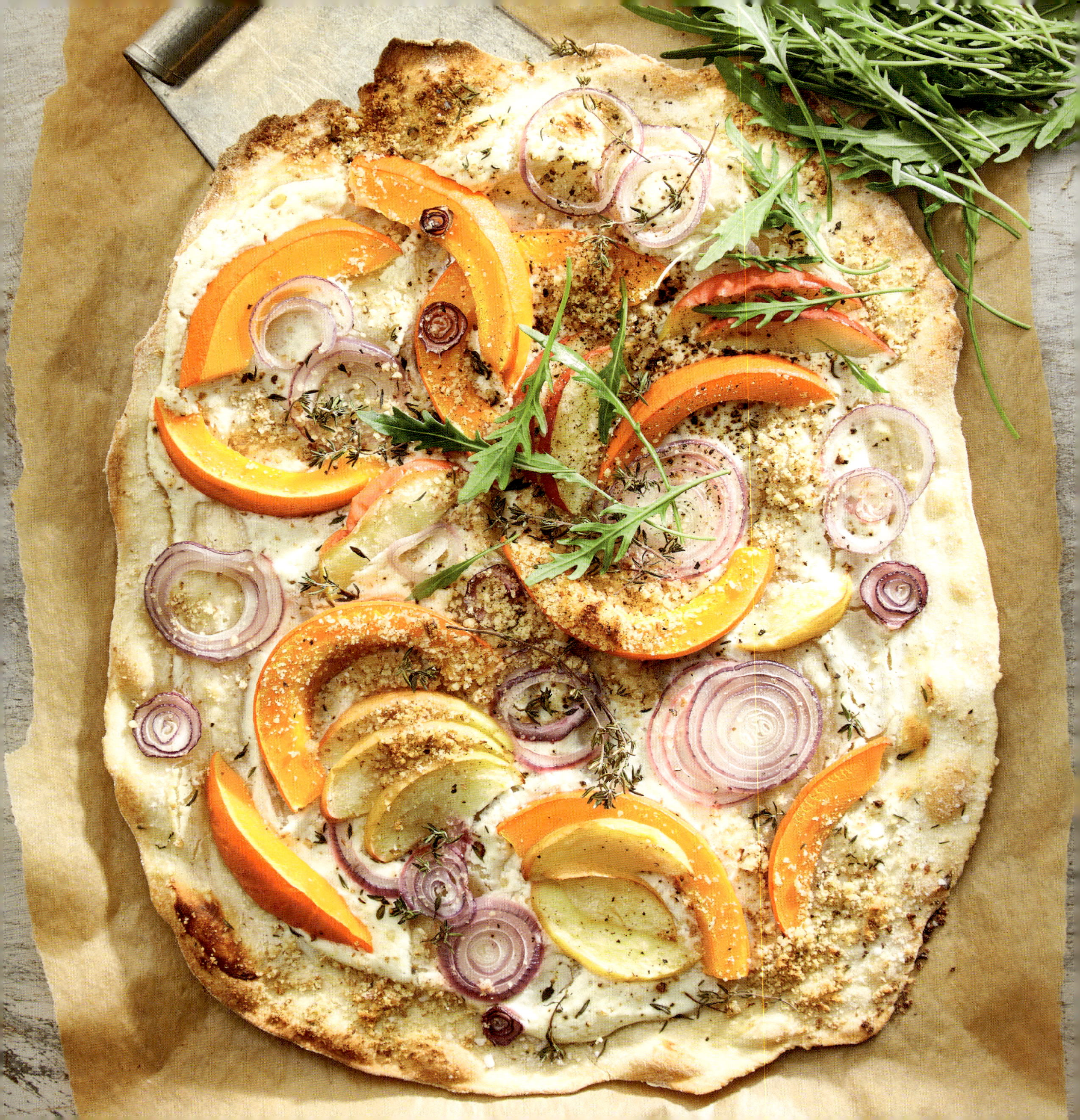

Gemüse-Crostini

4 Port. | 👑 | 30 Min. | ♥ 15 Min.

1 Knoblauchzehe, 200 g Möhren, 200 g Zucchini, 200 g Champignons, 150 g Gouda (30 % Fett), 3 EL Kochsahne (15 % Fett), 2 EL gehackte Petersilie, Salz, Pfeffer, 1 Baguette

- Backofen auf 200 Grad Ober-/Unterhitze vorheizen.
- Knoblauch und Möhren schälen, Möhren in grobe Stücke schneiden. Zucchini und Champignons waschen, putzen und in grobe Stücke schneiden. Käse in grobe Stücke schneiden.
- Alle Zutaten bis auf das Baguette zusammen in den Mixtopf geben und **8 Sek./Stufe 5** zerkleinern. Evtl. mit dem Spatel nachhelfen.
- Das Baguette in Scheiben schneiden, toasten und mit der Masse bestreichen. Im heißen Backofen 10–15 Min. backen.

Tipp: Hier können Sie, was die Gemüsesorten angeht, nach Lust und Laune variieren. Wer es etwas kräftiger im Geschmack mag, mischt noch einige Oliven unter.

Nährwerte: 320 kcal, 39 g KH, 20 g E, 7 g F

Flammkuchen mit Kürbis und Apfel

4 Port. | 👑👑 | 1 Std. | ♥ 45 Min.

Für den Teig: 250 g Mehl plus etwas für die Arbeitsfläche, 25 g Olivenöl, ½–1 TL Salz, Fett für das Blech
Für den Belag: 30 g Walnusskerne, 80 g Ziegenfrischkäse, 100 g Crème fraîche légère (15 % Fett), 2 TL flüssiger Honig, geriebene Muskatnuss, Salz, Pfeffer, 300 g Hokkaidokürbis, 1 Apfel, 1 rote Zwiebel, 2 EL Thymianblättchen oder gehackte Petersilie, ½ Bund Rucola

- Mehl, Öl und Salz mit 100 g lauwarmem Wasser in den Mixtopf geben und **1 Min./Teigstufe** verarbeiten. Teig herausnehmen und mit Frischhaltefolie bedeckt 30 Min. kalt stellen.
- Backofen auf 250 Grad Ober-/Unterhitze vorheizen. Ein Backblech fetten. Walnüsse im Mixtopf **3 Sek./Stufe 5** hacken und in eine Schüssel umfüllen.
- Ziegenfrischkäse, Crème fraîche, Honig, Muskat, Salz und Pfeffer im Mixtopf **10 Sek./Stufe 5** verrühren.
- Den Teig auf einer bemehlten Arbeitsfläche dünn auf Backblechgröße ausrollen und auf das Backblech legen. Die Käsecreme darauf verstreichen.
- Kürbis waschen, halbieren und entkernen, Apfel waschen, vierteln und das Kerngehäuse entfernen. Beides in feine Spalten schneiden.
- Zwiebel schälen und in feine Ringe schneiden. Auf der Creme verteilen. Walnüsse und Thymianblättchen oder Petersilie daraufstreuen. Mit Salz und Pfeffer bestreuen.
- Im heißen Backofen 12–15 Min. backen. Rucola waschen, trocken schütteln und vor dem Servieren auf dem Flammkuchen verteilen.

Nährwerte: 470 kcal, 63 g KH, 11 g E, 18 g F

◄ *Flammkuchen mit Kürbis und Apfel*

VEGETARISCHE GERICHTE

Kürbis-Dinkel-Puffer

12 Stück | 40 Min. | 10 Min.

100 g Dinkel, 400 g Kürbis (Hokkaido oder Butternuss), 100 g Kartoffeln, 1–2 Möhren, 1 Zwiebel, 1 Knoblauchzehe, 2 Lauchzwiebeln, 1 Ei, 2 EL Haferflocken, 2 EL Kürbiskerne, 1 TL Salz, Pfeffer, geriebene Muskatnuss, Cayennepfeffer, Öl zum Braten

● Dinkel in den Mixtopf geben, **30 Sek./Stufe 10** mahlen und in eine Schüssel umfüllen.
● Kürbis schälen und die Kerne entfernen. Kartoffeln und Möhren schälen, Zwiebel und Knoblauch schälen und Lauchzwiebel putzen und waschen. Alles grob schneiden, in den Mixtopf geben und **8 Sek./Stufe 5** zerkleinern.
● Ei, Haferflocken, Kürbiskerne, gemahlenen Dinkel und Gewürze hinzugeben und **10 Sek./Stufe 3/Linkslauf** mithilfe des Spatels vermischen. Die Masse in den Gareinsatz geben und ca. 10 Min. abtropfen lassen.
● Öl in einer Pfanne erhitzen und aus dem Teig ca. 12 Puffer von beiden Seiten goldbraun braten.

Das passt dazu: Ein frischer Blattsalat mit Tomatenvinaigrette (Seite 126).

Nährwerte: 70 kcal, 11 g KH, 3 g E, 1 g F

Couscous-Bratlinge

4 Port. | 30 Min.

1 Zwiebel, 1 Knoblauchzehe, 100 g Möhren, 10 g Olivenöl plus etwas zum Braten, 200 g Couscous, 200 g heiße Gemüsebrühe, 2 Eier, 1 EL gehackte Petersilie, 1 EL Schnittlauchröllchen, 1 TL Curry, ¼ TL gemahlener Kreuzkümmel, Salz, Pfeffer

● Zwiebel und Knoblauch schälen, Zwiebel vierteln. Möhren schälen und in grobe Stücke schneiden. Alles zusammen im Mixtopf **8 Sek./Stufe 5** zerkleinern.
● Öl hinzufügen und **3 Min./120 Grad/Stufe 1** dünsten. Dann auch restliche Zutaten hinzufügen und alles **30 Sek./Stufe 3/Linkslauf** zu einer einheitlichen Masse verrühren. Das Ganze ca. 5 Min. quellen lassen.
● Öl in einer Pfanne erhitzen, aus der Masse Bratlinge formen und im heißen Fett von beiden Seiten goldbraun braten.

Das passt dazu: Ein gemischter Krautsalat (Seite 55).

Nährwerte: 250 kcal, 36 g KH, 10 g E, 6 g F

▶ *Kürbis-Dinkel-Puffer*

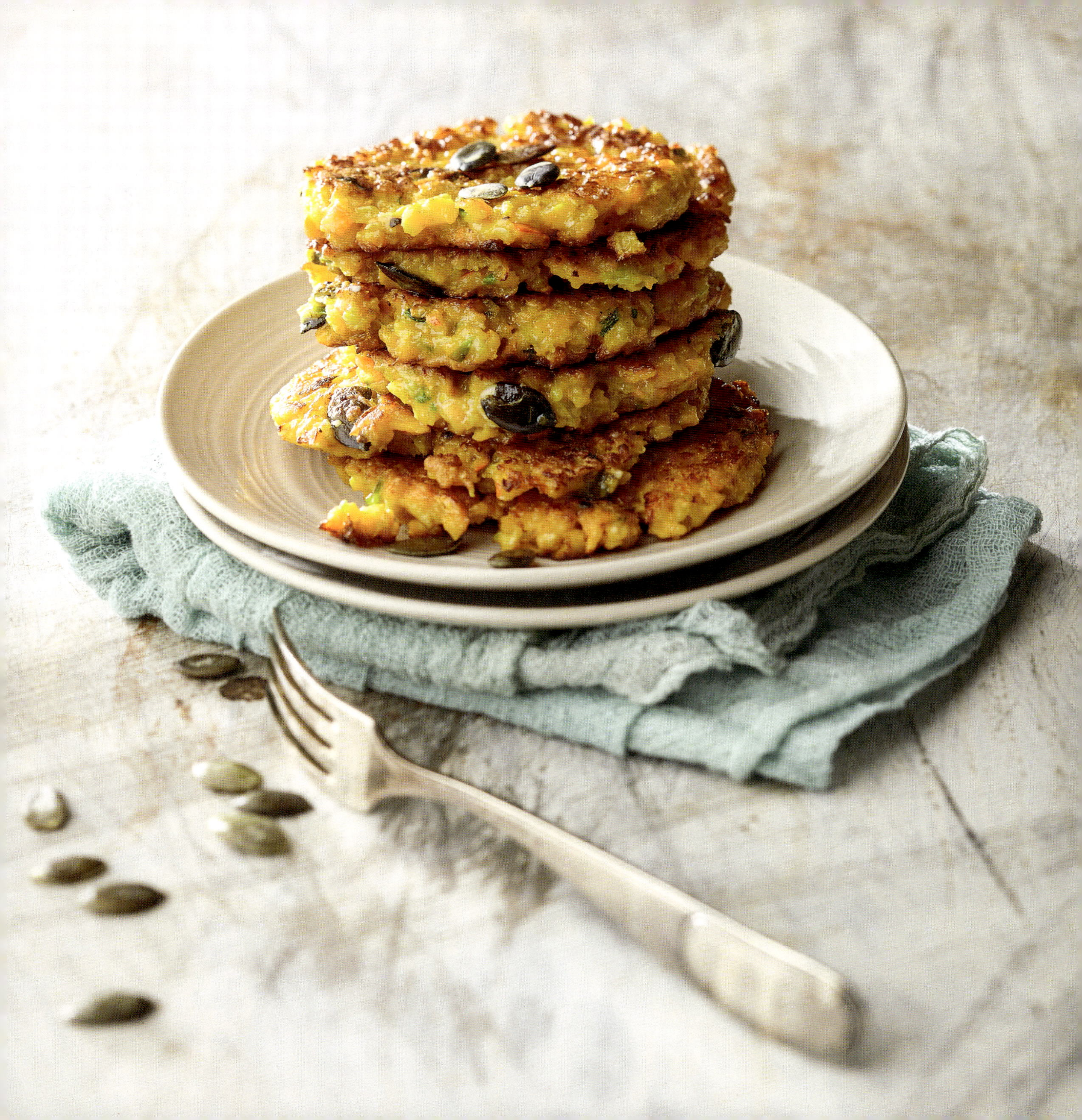

VEGETARISCHE GERICHTE

Zucchini-Pfannkuchenrollen

4 Port. | 👑👑 | 40 Min. | 20 Min.

150 g Bergkäse (20 % Fett), 1 rote Paprikaschote, 1 kleine Zucchini, 100 g Mehl, 250 g Milch (1,5 % Fett), 4 Eier, ½ TL edelsüßes Paprikapulver, 1 EL
italienische Kräuter, 1 TL Salz, 8–10 Kirschtomaten, 2 Lauchzwiebeln, 100 g Kräuterfrischkäse (5 % Fett), Pfeffer

● Den Backofen auf 225 Grad Umluft vorheizen. Ein tiefes Backblech mit Backpapier auslegen.
● Käse in grobe Stücke schneiden, in den Mixtopf geben und **8 Sek./Stufe 6** zerkleinern. Paprika waschen, vierteln und entkernen. Zucchini waschen und in grobe Stücke schneiden. Beides in den Mixtopf geben und **4 Sek./Stufe 5** zerkleinern. Mit dem Spatel nach unten schieben.
● Mehl, Milch, Eier, Paprikapulver, Kräuter und Salz hinzugeben und **10 Sek./Stufe 4** unterrühren.
● Tomaten waschen, vom Stängelansatz befreien und in Scheiben schneiden, Lauchzwiebeln waschen und in feine Röllchen schneiden.
● Eiermasse auf dem Backblech verstreichen und Tomaten und Lauchzwiebeln darauf verteilen. Mit Pfeffer bestreuen. Im heißen Backofen 15–20 Min. backen.
● Dann die Pfannkuchen mit dem Frischkäse bestreichen und mithilfe des Backpapiers von der breiten Seite her aufwickeln.
● Die Rolle in Scheiben schneiden und servieren.

Das passt dazu: Ein Kräuter-Joghurt-Dip oder ein frischer Blattsalat.

Nährwerte: 370 kcal, 25 g KH, 27 g E, 16 g F

Quinoa-Gemüse-Topf

2 Port. | 👑 | 40 Min. | 25 Min.

30 g Parmesan, 200 g Blumenkohl, 200 g Brokkoli, 100 g TK-Erbsen, 1 Zwiebel, 1–2 TL Olivenöl, 2 Möhren, 120 g Quinoa, 300 g Gemüsebrühe, 50 g trockener Weißwein, 1 TL edelsüßes Paprikapulver, Salz, Pfeffer, 1 EL Crème fraîche légère (15 % Fett)

● Parmesan im Mixtopf **8 Sek./Stufe 10** zerkleinern und in eine Schüssel umfüllen.
● Blumenkohl und Brokkoli waschen, in mundgerechte Stücke schneiden und zusammen mit Erbsen in den Varoma geben.
● Zwiebel schälen, vierteln und im Mixtopf **5 Sek./Stufe 5** zerkleinern. Mit dem Spatel nach unten schieben. Öl hinzugeben und **3 Min./120 Grad/Stufe 1** dünsten.
● Möhren schälen, hinzugeben und **4 Sek./Stufe 5** zerkleinern.
● Dann auch Quinoa hinzugeben und alles **1 Min./120 Grad/Stufe 1** dünsten.
● Gemüsebrühe, Wein, Paprika, Salz und Pfeffer hinzugeben. Den Deckel schließen, Varoma aufsetzen und **25 Min./100 Grad/Sanftrührstufe/Linkslauf** garen.
● Crème fraîche und geriebenen Parmesan hinzugeben und **15 Sek./Stufe 1/Linkslauf** unterrühren. Das Gemüse unter die Quinoa heben und servieren.

Nährwerte: 460 kcal, 53 g KH, 23 g E, 13 g F

▶ *Zucchini-Pfannkuchenrollen*

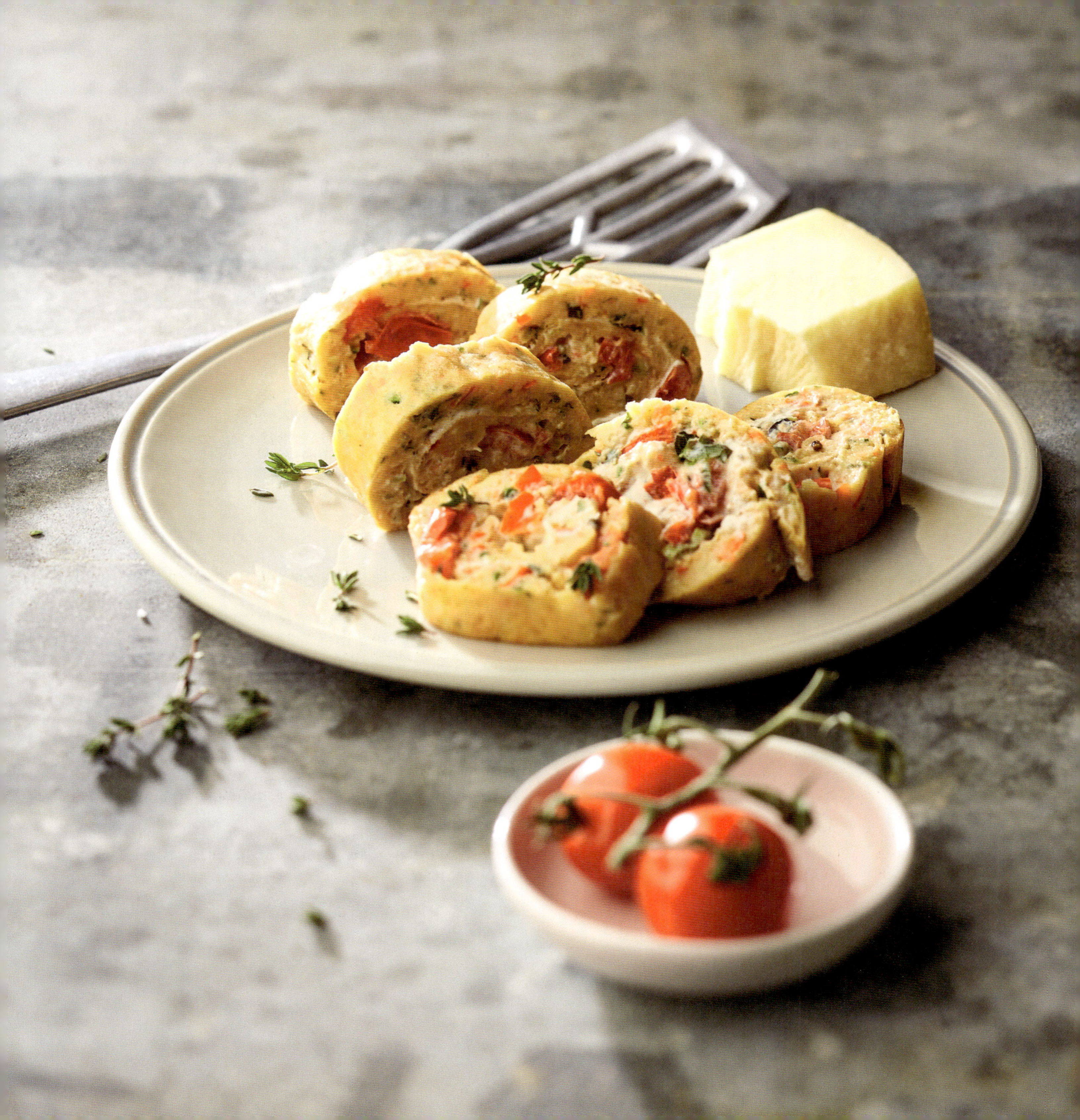

Fisch und Fleisch

Putenschnitzel mit Basilikumkruste

2 Port. | 30 Min. | 45 Min.

40 g Emmentaler, 200 g stückige Tomaten (Dose), 20 g Tomatenmark, 100 g Kochsahne (15 % Fett), 1 TL Zucker, Salz, Pfeffer, 2 Putenschnitzel (300 g), ½ Bund Basilikum, 40 g ungesüßte Cornflakes, 20 g Butter plus etwas für die Form

- Emmentaler in grobe Stücke schneiden, im Mixtopf **8 Sek./Stufe 10** zerkleinern und in eine Schüssel umfüllen. Backofen auf 180 Grad Ober-/Unterhitze vorheizen. Eine Auflaufform einfetten.
- Tomaten, Tomatenmark, Kochsahne, Zucker, Salz und Pfeffer im Mixtopf **8 Sek./Stufe 4** mischen und in die Form geben.
- Putenschnitzel mit Salz und Pfeffer würzen und auf der Tomatensauce verteilen.
- Basilikum waschen, trocken schütteln und die Blättchen abzupfen. Mit Cornflakes, Butter, Käse, Salz und Pfeffer im Mixtopf **8 Sek./Stufe 6** verrühren.
- Die Masse auf die Putenschnitzel streichen. Im heißen Backofen ca. 30 Min. backen.

Nährwerte: 470 kcal, 22 g KH, 47 g E, 21 g F

FISCH UND FLEISCH

4 Port. | 40 Min. | 15 Min.

Hackbällchen
mit Paprikabulgur

Für die Hackbällchen: 1 kleine Zwiebel, 1½ Toastbrotscheiben, 300 g Rinderhackfleisch, 1 Ei, 1 TL Senf, ½–1 TL Salz, Pfeffer, Öl zum Braten
Für den Bulgur: 1 Zwiebel, 1 Knoblauchzehe, 2 rote Paprikaschoten (ca. 400 g), 2 Lauchzwiebeln, 20 g Olivenöl, 150 g Bulgur, 350 g Gemüsebrühe, 30 g Tomatenmark, 10 g Paprikamark, 1 EL edelsüßes Paprikapulver, 1 Prise Cayennepfeffer, ½ TL Salz, ½ Mozzarella (ca. 60 g, 8,5 % Fett)

● Für die Hackbällchen Zwiebel schälen und halbieren. Im Mixtopf **5 Sek./Stufe 5** zerkleinern. Mit dem Spatel nach unten schieben.
● Toastbrot, Hackfleisch, Ei, Senf, Salz und Pfeffer hinzugeben und **20 Sek./Stufe 3–4/Linkslauf** vermischen. Aus der Masse 8–10 Bällchen formen.
● Für den Bulgur Zwiebel und Knoblauch schälen, Zwiebel halbieren. Beides im Mixtopf **5 Sek./Stufe 5** zerkleinern.
● Paprika waschen, vierteln und entkernen. Lauchzwiebeln waschen und in grobe Stücke schneiden. Beides in den Mixtopf zu den Zwiebeln geben und **5 Sek./Stufe 5** zerkleinern. Alles mit dem Spatel nach unten schieben.
● Dann Öl hinzugeben und **5 Min./120 Grad/Sanftrührstufe/Linkslauf** dünsten. Anschließend Bulgur hinzufügen und **1 Min./120 Grad/Sanftrührstufe/Linkslauf** dünsten.
● Gemüsebrühe, Tomatenmark und Paprikamark und Gewürze in den Mixtopf geben und **7 Min./100 Grad/Sanftrührstufe/Linkslauf** garen.
● Inzwischen die Hackbällchen in einer Pfanne mit heißem Öl von allen Seiten gleichmäßig goldbraun anbraten.
● Mozzarella in kleine Stücke schneiden, zum Bulgur geben und **4 Min./80 Grad/Sanftrührstufe/Linkslauf** unterrühren.
● Die Hackbällchen zusammen mit dem Bulgur servieren.

Nährwerte: 430 kcal, 40 g KH, 25 g E, 15 g F

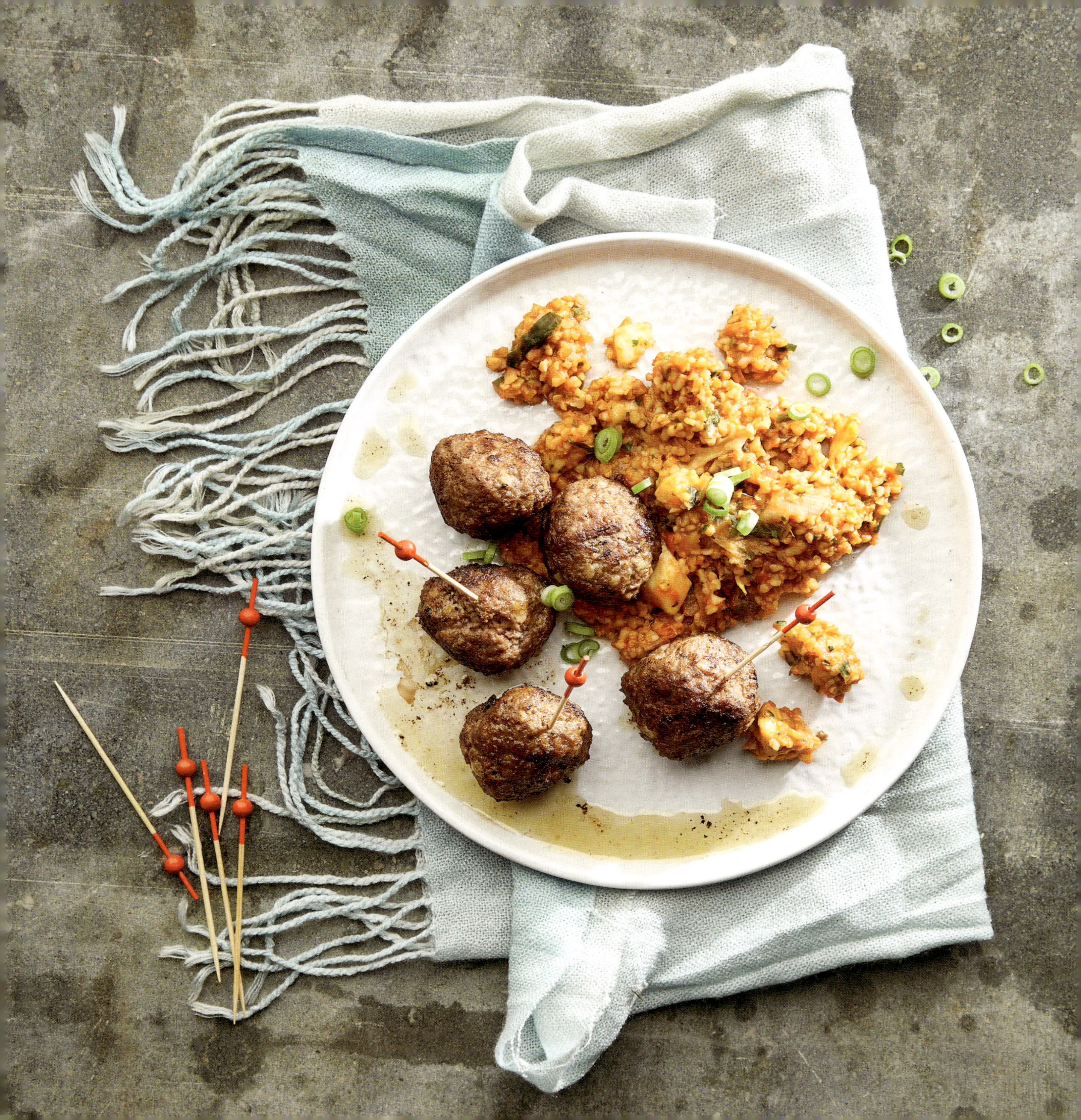

FISCH UND FLEISCH

Königsberger Klopse

2 Port. | 👑👑 | 1 Std. | 35 Min.

300 g Kartoffeln
Für die Klopse: 25 g altbackene Brötchen, 1 kleine Zwiebel, 1 Eiweiß,
½ TL Salz, Pfeffer, 250 g Rinderhackfleisch, 2½ TL Rinderbrühe, Fett für
den Varoma
Für die Sauce: 100 g Kochsahne (15 % Fett), 1–2 TL Zitronensaft,
25 g Mehl, 1 Eigelb, ½ TL Salz, Pfeffer, 30 g Kapern

● Kartoffeln schälen und in Stücke schneiden. In das Garkörbchen geben.
● Brötchen im Mixtopf **10 Sek./Stufe 7** zerkleinern und in eine Schüssel umfüllen. Zwiebel schälen, vierteln und im Mixtopf **5 Sek./Stufe 5** zerkleinern. Mit dem Spatel nach unten schieben.
● Zerkleinerte Brötchen, Eiweiß, Salz, Pfeffer und Hackfleisch hinzugeben und **1 Min./Stufe 4/Linkslauf** mischen. Aus der Fleischmasse Klopse formen und in den gefetteten Varoma geben.
● 800 g Wasser mit der Rinderbrühe in den Mixtopf geben. Das Garkörbchen mit den Kartoffeln einhängen, Mixtopf schließen, Varoma aufsetzen und alles **30 Min./Varoma/Stufe 1** garen.
● Den Varoma zur Seite stellen. Das Garkörbchen herausnehmen und die Kartoffeln warm halten.
● 300 g Garflüssigkeit, Kochsahne, Zitronensaft, Mehl, Eigelb, Salz und Pfeffer in den Mixtopf geben und **5 Min./100 Grad/Stufe 1/Linkslauf** aufkochen.
● Abgetropfte Kapern hinzugeben und **10 Sek./Stufe 2/Linkslauf** unterrühren. Sauce abschmecken und zu den Klopsen und den Kartoffeln servieren.

Nährwerte: 460 kcal, 43 g KH, 34 g E, 15 g F

Grünes Thai-Curry

2 Port. | 👑 | 35 Min. | 20 Min.

1 kleine Zwiebel, 2 Lauchzwiebeln, 10 g Olivenöl, 400 g Hähnchenbrust-
filet, 50 g grüne Currypaste (Asialaden), 200 g Kokosmilch (6 % Fett),
1 EL Fischsauce, 1 TL brauner Zucker, 1 kleine rote Chilischote, 50 g
Zuckerschoten, 1 Zucchini (ca. 200 g), 2–3 Korianderstängel

● Zwiebel schälen und vierteln, Lauchzwiebel waschen und in grobe Stücke schneiden. Beides im Mixtopf **5 Sek./Stufe 5** zerkleinern. Mit dem Spatel nach unten schieben.
● Öl hinzugeben und **3 Min./120 Grad/Stufe 1** dünsten.
● Hähnchenbrust waschen, in kleine Stücke schneiden, zusammen mit Currypaste in den Mixtopf geben und **5 Min./100 Grad/Sanftrührstufe/Linkslauf** garen.
● Kokosmilch, Fischsauce und Zucker hinzufügen und **8 Min./100 Grad/Sanftrührstufe/Linkslauf** garen.
● Inzwischen Chilischote waschen, entkernen und in dünne Ringe schneiden. Zuckerschoten und Zucchini waschen und in mundgerechte Stücke schneiden.
● Alles in den Mixtopf geben und **5 Min./100 Grad/Sanftrührstufe/Linkslauf** garen. Koriander waschen, trocken schütteln, die Blätter abzupfen und hacken.
● Das Curry mit Koriander bestreut servieren.

Nährwerte: 380 kcal, 12 g KH, 52 g E, 13 g F

▶ *Grünes Thai-Curry*

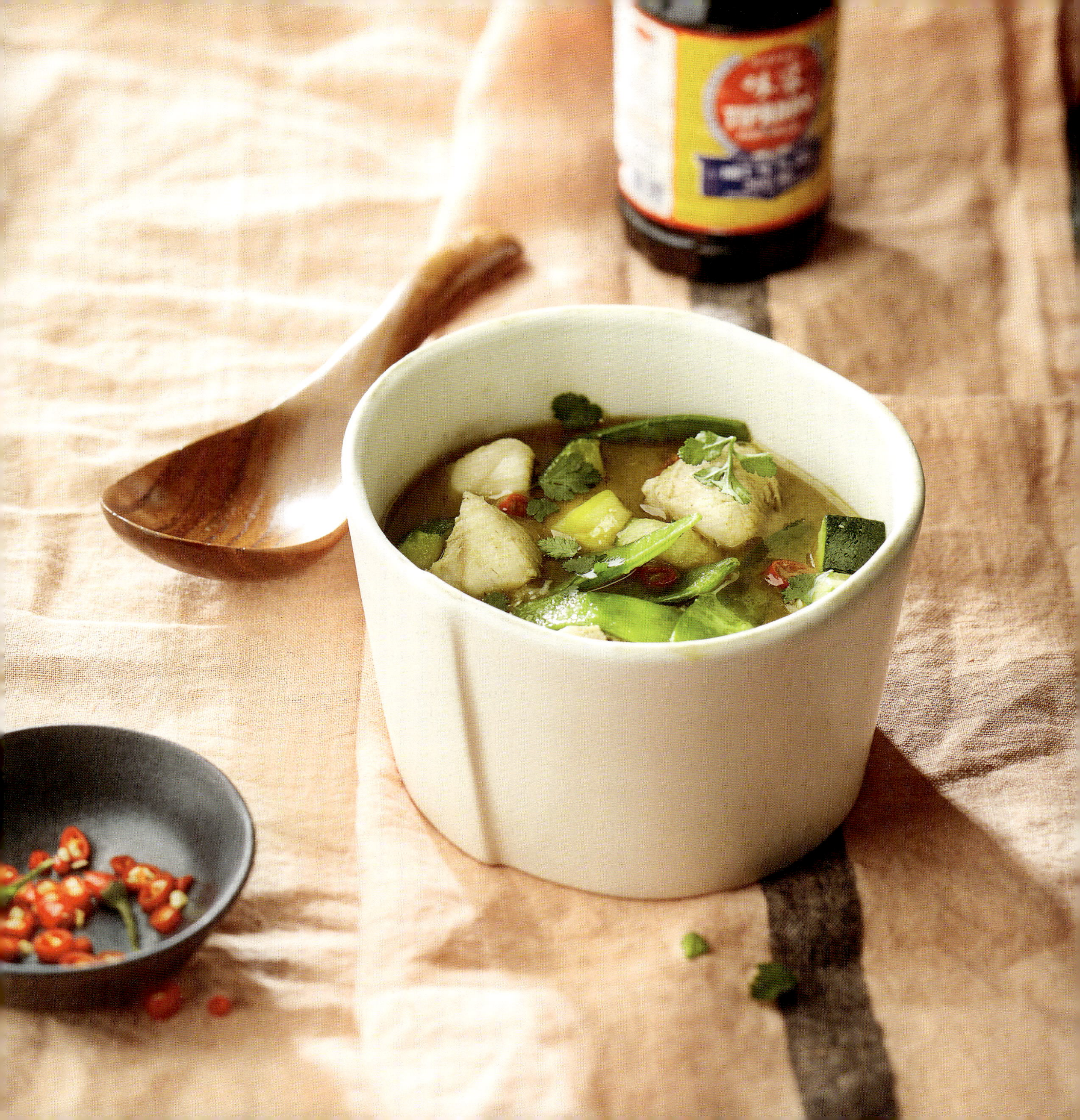

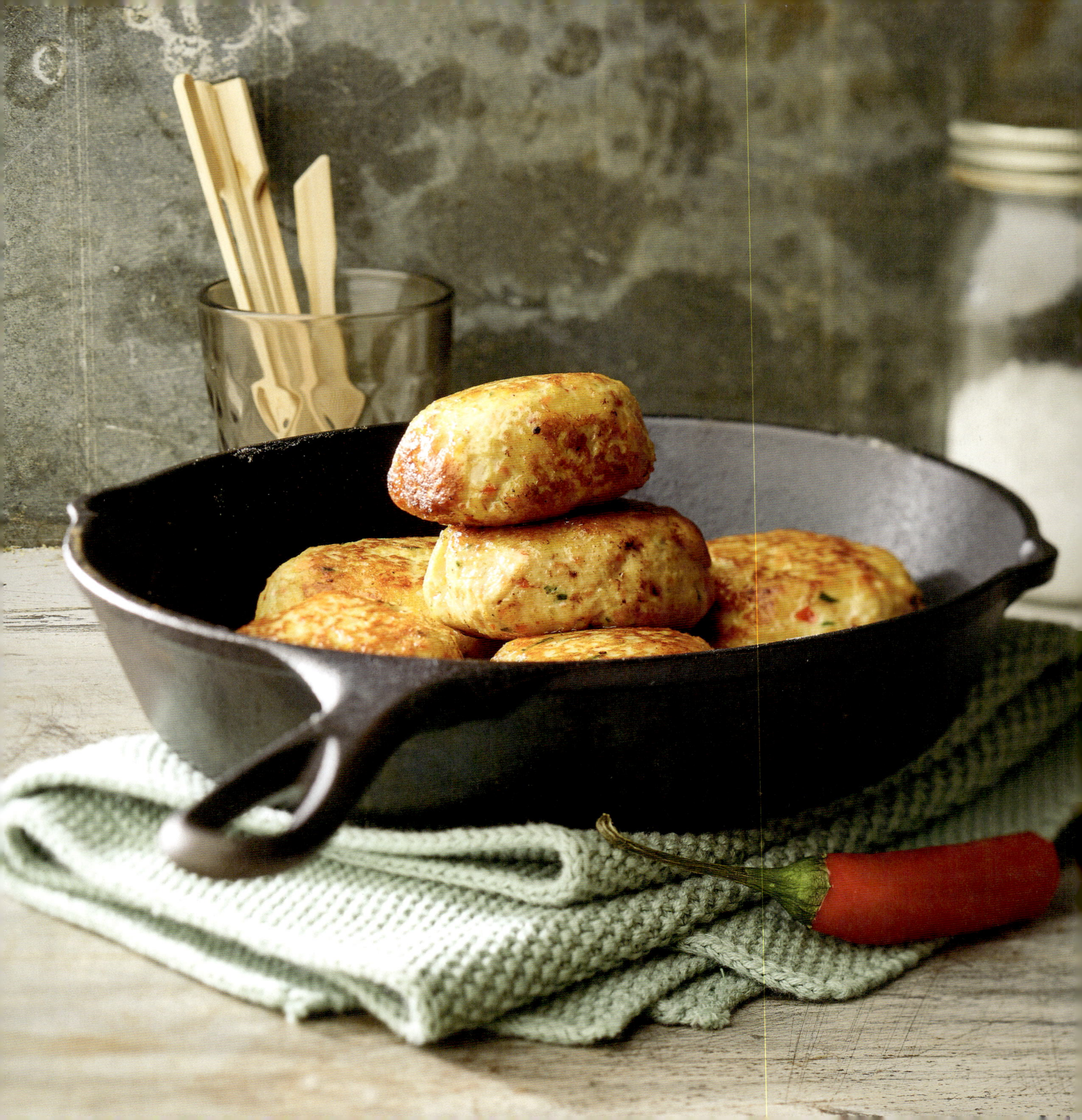

Kürbis-Bolognese

🍴 2 Port. 👑 ⏰ 35 Min. 💚 25 Min.

1 Zwiebel, 1 Knoblauchzehe, 400 g Hokkaidokürbis, 15 g Olivenöl, 1 EL Tomatenmark, 200 g Rinderhackfleisch, 1 Dose stückige Tomaten (400 g), 1 TL Thymian, 1 TL Rosmarin, ½ TL Curry, 1 Prise Zimt, Salz, Pfeffer

- Zwiebel und Knoblauch schälen, Zwiebel vierteln. Im Mixtopf **5 Sek./Stufe 5** zerkleinern. Mit dem Spatel nach unten schieben.
- Kürbis entkernen und in mundgerechte Stücke schneiden. Zusammen mit Öl und Tomatenmark in den Mixtopf geben und alles **6 Min./120 Grad/Stufe 1/Linkslauf** dünsten.
- Hackfleisch hinzufügen und **5 Min./120 Grad/Stufe 2/Linkslauf** garen. Tomaten und Gewürze hinzufügen und **15 Min./100 Grad/Stufe 1/Linkslauf** garen.
- Nochmals abschmecken und servieren.

Nährwerte: 380 kcal, 21 g KH, 24 g E, 22 g F

◂ *Hähnchenfrikadellen*

Hähnchenfrikadellen

🍴 2 Port. 👑 ⏰ 30 Min.

1 Zwiebel, 2 Knoblauchzehen, 1 rote Chilischote, 10 g Olivenöl plus etwas zum Braten, 1 Möhre, 350 g Hähnchenbrustfilet, 1 Ei, 2–3 EL Semmelbrösel, 1 EL edelsüßes Paprikapulver, 1 Prise Cayennepfeffer, 1 EL gehackte Petersilie, 1 TL Senf, Salz, Pfeffer

- Zwiebel und Knoblauch schälen, Zwiebel vierteln. Chilischote waschen und entkernen. Mit Zwiebeln und Knoblauch im Mixtopf **5 Sek./Stufe 5** zerkleinern. Mit dem Spatel nach unten schieben.
- Olivenöl hinzugeben und **3 Min./120 Grad/Stufe 1** dünsten.
- Möhre schälen, Hähnchenfleisch waschen und beides grob zerkleinern. Zusammen mit restlichen Zutaten in den Mixtopf geben und **15 Sek./Stufe 6** zerkleinern und mischen.
- Aus der Masse Frikadellen formen und in einer Pfanne in heißen Öl von beiden Seiten goldbraun braten.

Nährwerte: 350 kcal, 16 g KH, 48 g E, 10 g F

Rinder-Kartoffel-Topf

🍴 4 Port. 👑 ⏰ 50 Min. 💚 35 Min.

1 Zwiebel, 1 Knoblauchzehe, 100 g Sellerie, 200 g Möhren, 20 g Olivenöl, 500 g mageres Rindergulasch, 1 Dose stückige Tomaten, 300 g dunkles Bier, 20 g Mehl, 4 TL Rinderbrühe, 30 g Tomatenmark, 1 EL edelsüßes und 1 TL rosenscharfes Paprikapulver, 2 Lorbeerblätter, Rosmarin, Thymian, Salz, Pfeffer, 300 g Kartoffeln

- Zwiebel und Knoblauch schälen, Zwiebel vierteln. Beides im Mixtopf **5 Sek./Stufe 5** zerkleinern.
- Sellerie und Möhren schälen und in grobe Stücke schneiden. **5 Sek./Stufe 5** zerkleinern. Mit dem Spatel nach unten schieben. Öl hinzufügen und **3 Min./120 Grad/Stufe 1** dünsten.
- Dann Fleisch hinzugeben und **5 Min./120 Grad/Sanftrührstufe/Linkslauf** ohne Messbecher garen.
- Tomaten, Bier, Mehl, Rinderbrühe, Tomatenmark, Gewürze und Kräuter hinzufügen und **1 Std./100 Grad/Stufe 1/Linkslauf** mit Messbecher garen.
- Inzwischen Kartoffeln schälen und in kleine Stücke schneiden. In den Mixtopf geben und **15 Min./100 Grad/Stufe 1/Linkslauf** garen, bis die Kartoffel gar sind. Abschmecken und servieren.

Nährwerte: 370 kcal, 25 g KH, 29 g E, 12 g F

Hack-Muffins

12 Stück · 30 Min. · 50 Min.

1 altbackenes Brötchen, 1 Zwiebel, 1 Knoblauchzehe, 1 TL Olivenöl, ½ rote Paprikaschote, ½ gelbe Paprikaschote, ½ Zucchini, 500 g Rinderhackfleisch, 1 Ei, 1–2 TL Senf, 1 EL italienische Kräuter, 1 TL edelsüßes Paprikapulver, 100 g Feta (9 % Fett)

- Brötchen in warmem Wasser einweichen. Backofen auf 180 Grad Ober-/Unterhitze vorheizen. Papierförmchen in die 12 Mulden eines Muffinsblechs setzen.
- Zwiebel und Knoblauch schälen, Zwiebel vierteln. Beides im Mixtopf **5 Sek./Stufe 5** zerkleinern. Mit dem Spatel nach unten schieben. Öl hinzufügen und **3 Min./120 Grad/Stufe 1** dünsten.
- Paprika waschen und entkernen. Zucchini waschen und in grobe Stücke schneiden. Beides in den Mixtopf geben und **4 Sek./Stufe 5** zerkleinern.
- Restliche Zutaten bis auf Feta hinzufügen und **1 Min./Stufe 3/Linkslauf** vermischen. Feta in kleine Würfel schneiden und **6 Sek./Stufe 2/Linkslauf** unter den Teig mischen.
- Aus der Masse 12 Kugeln formen und in die Blechmulden geben. Im heißen Backofen 25–30 Min. backen.

Nährwerte: 110 kcal, 3 KH, 11 E, 5 F

Italienischer Lendentopf

2 Port. · 30 Min. · 15 Min.

1 Zwiebel, 1 Knoblauchzehe, 10 g Öl, 250 g Schweinefilet, 250 g Fleischbrühe, 40 g Tomatenmark, 10 g Sojasauce, 1 TL Zucker, 1–2 TL italienische Kräuter, ½ TL edelsüßes Paprikapulver, Salz, Pfeffer, 2 TL Speisestärke, 50 g Schmand

- Zwiebel und Knoblauch schälen, Zwiebel vierteln. Beides im Mixtopf **5 Sek./Stufe 5** zerkleinern. Mit dem Spatel nach unten schieben. Öl hinzufügen und **3 Min./120 Grad/Stufe 1** dünsten.
- Fleisch in kleine Stücke schneiden und in den Mixtopf geben. Weitere **5 Min./120 Grad/Sanftrührstufe/Linkslauf** garen.
- Fleischbrühe, Tomatenmark, Sojasauce, Zucker, Kräuter und Gewürze dazugeben und **15 Min./100 Grad/Sanftrührstufe/Linkslauf** garen.
- 3 Min. vor Garende Speisestärke mit etwas kaltem Wasser anrühren und durch die Deckelöffnung hinzugeben.
- Schmand zum Fleisch geben und **1 Min./100 Grad/Stufe 1/Linkslauf** unterrühren. Mit Salz und Pfeffer abschmecken und servieren.

Nährwerte: 280 kcal, 11 g KH, 30 g E, 13 g F

Putengulasch in Senfsauce

2 Port. · 45 Min. · 55 Min.

1 Zwiebel, 40 g magere Schinkenwürfel, 10 g Öl, ½ Lauchstange, 100 g Champignons, 50 g trockener Weißwein, 50 g Sahne, 250 g Hühnerbrühe, ½–1 TL Thymian, 300 g Putengulasch, 1–2 EL körniger Senf, Salz, Pfeffer

- Zwiebel schälen, vierteln und **5 Sek./Stufe 5** im Mixtopf zerkleinern. Mit dem Spatel nach unten schieben. Schinkenwürfel und Öl hinzugeben und **5 Min./120 Grad/Stufe 1** dünsten.
- Lauch putzen, waschen und in feine Ringe schneiden. Champignons waschen und in kleine Stücke schneiden. Beides in den Mixtopf geben und weitere **5 Min./120 Grad/Sanftrührstufe/Linkslauf** dünsten.
- Wein, Sahne, Brühe und Thymian zugeben, **5 Min./100 Grad/Stufe 1/Linkslauf** garen.
- Fleisch in den Mixtopf geben und **25 Min./100 Grad/Sanftrührstufe/Linkslauf** garen.
- Senf, Salz und Pfeffer hinzugeben und **5 Min./80 Grad/Sanftrührstufe/Linkslauf** garen. Mit Salz und Pfeffer abschmecken.

Nährwerte: 380 kcal, 6 g KH, 45 g E, 16 g F

▶ *Hack-Muffins*

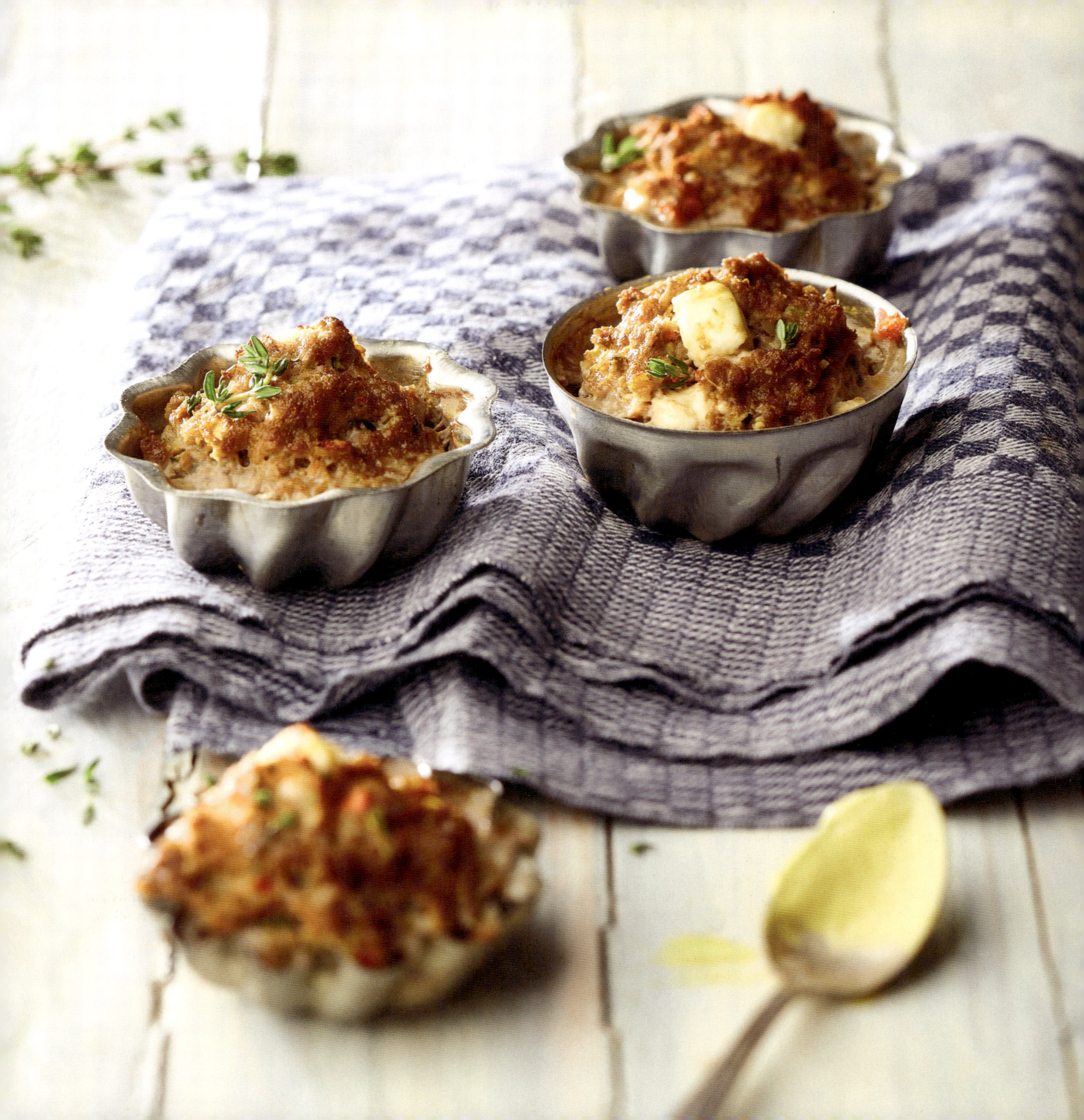

Wellness at home

RAUS AUS DEM ALLTAG – REIN IN DIE PRIVATE WELLNESSOASE. GENIESSEN SIE EINEN GANZEN TAG DIE RUHE UND LASSEN SIE IHRE SEELE BAUMELN.

Stress beherrscht oftmals unseren Alltag. Ein Termin jagt den nächsten, die To-do-Liste ist lang. Zeit ist zur Mangelware geworden. Deshalb ist es wichtig, mal einen Schritt zurückzutreten, etwas Gas herauszunehmen und sich einfach mal treiben zu lassen. Legen Sie einen Wellnesstag ein, an dem es sich nur um Sie dreht!

Entspannung von morgens bis abends Nehmen Sie sich einen Tag frei oder planen Sie einen ganzen Tag am Wochenende dafür ein. Lassen Sie auch alle Familienmitglieder wissen, dass Sie an diesem Tag mal auf Ihren Einsatz verzichten müssen, denn dieser Tag gehört nur Ihnen. Sie müssen nicht in ein teures Spa gehen, auch Ihr Zuhause lässt sich unkompliziert in die ganz persönliche Wellnessoase verwandeln. Sorgen Sie für Ruhe. Schalten Sie Handy und Telefon aus und stellen Sie den Laptop außer Reichweite – denn heute sind Sie offline. Schöne Entspannungsmusik bringt Sie in die richtige Stimmung.

Ausgeschlafen beginnen Starten Sie entspannt und schlafen Sie sich aus. Mit einem gesunden Frühstück beginnen Sie den Tag kulinarisch. Ein Smoothie, ein Müsli oder ein Omelett geben Ihnen Kraft und Energie. Wichtig ist, dass Sie über den ganzen Tag ausreichend Trinken. Perfekt für einen Wellnesstag sind Kräutertees und Mineralwasser. Kamille, Melisse oder Fenchel haben einen beruhigenden Effekt. Ingwer regt die Verdauung an. Mineralwasser peppen Sie mit Zitronenscheiben oder Kräutern auf. Machen Sie einen Spaziergang an der frischen Luft oder joggen Sie eine Runde durch den Park. Genießen Sie dabei die Natur bewusst und achten Sie auf den Gesang der Vögel. Das klingt banal, hilft aber erstaunlich gut dabei, die Gedanken an die Arbeit oder private Probleme mal außen vor zu lassen. Sport und Bewegung helfen nicht nur beim Abschalten, der Körper setzt dabei außerdem Glückshormone frei.

Den Körper verwöhnen Ein anschließendes Bad entspannt Ihre Muskeln und lässt Ihre Seele zur Ruhe kommen. Mit Kerzen und Duftlampen verwandeln Sie Ihr Badezimmer ohne viel Aufwand in ein kleines, gemütliches Spa. Sanfte musikalische Klänge sorgen zusätzlich für Entspannung. Besorgen Sie sich vorab Ihren Lieblingsbadezusatz oder bereiten Sie das Rezept auf der nächsten Seite zu. Tragen Sie Masken für Gesicht und Haar vor dem Bad auf, so können sie gut einwirken. Die Augen entspannen sich durch aufgelegte Gurkenscheiben oder in kalte Milch getränkte Wattepads. Nach dem Bad widmen Sie sich ausgiebig der Mani- und Pediküre.

Den Tag ausklingen lassen Wie wäre es am Abend mit einem Theater- oder Konzertbesuch als Abschluss des Tages? Organisieren Sie sich rechtzeitig Tickets. Oder lassen Sie den Tag vielleicht lieber auf ihrer Couch mit einem spannenden Buch und einer schönen Tasse Tee ausklingen.

Wohlfühl-essen

Ihre Mahlzeiten sollten heute leicht sein und aus reichlich Gemüse und Salat bestehen. Dazu evtl. ein mageres Stück Fleisch oder etwas Fisch. Verwenden Sie nicht zu viel Salz, sondern würzen Sie mit viel Kräutern.

Badesalz
aus dem Thermi

STELLEN SIE IHR BADESALZ SELBST HER. DAFÜR 500 G TOTES-MEER-SALZ MIT 75 G MILCHPULVER, 35 G CALENDULAÖL, 50 TROPFEN ÄTHERISCHEM LAVENDELÖL UND 3 EL GETROCKNETEN LAVENDELBLÜTEN IM MIXTOPF 2 MIN./STUFE 3 MISCHEN. IN 4 GLÄSER UMFÜLLEN, SCHLIESSEN UND 1 TAG DURCHZIEHEN LASSEN. REICHT FÜR 4 VOLLBÄDER.

Superwurzel

Ingwer regt die Fettverbrennung an und stärkt das Immunsystem. Heißes Ingwerwasser tut deshalb nicht nur gut, sondern ist auch ein Schlankheitsmittel. Hierfür einige Scheiben frischen Ingwer in eine Tasse geben, mit heißem Wasser aufgießen und kurz ziehen lassen.

Für die Füße...

gibt's hier ein super Rezept: Einfach 3 Tassen Vollmilch und ½ Tasse Olivenöl für ein Fußbad in warmes Wasser geben. Macht die Haut schön weich für die anschließende Pediküre.

Rubbel, Rubbel

FÜR EIN ERFRISCHENDES KÖRPERPEELING 500 G TOTES-MEER-SALZ MIT DEN SCHALEN EINER ORANGE IM MIXTOPF 10 SEK./STUFE 5 ZERKLEINERN. 100 G OLIVENÖL UND DEN SAFT VON ½ ORANGE HINZUGEBEN UND ALLES 6 SEK./STUFE 3 MISCHEN.

Matcha können sie nicht nur trinken. Der Tee hilft auch beim Kampf gegen Falten: 1 TL Matchatee mit heißem Wasser übergießen und ca. 10 Min. ziehen lassen. 3 EL Quark unterrühren und die Mischung auf das Gesicht auftragen.

FISCH UND FLEISCH

Thunfisch-Buletten

2 Port. | 25 Min.

Asiatisches Fischcurry

2 Port. | 20 Min. | 10 Min.

1 kleine Zwiebel, 4–5 getrocknete Tomaten in Öl, 1 Dose Thunfisch im eigenen Saft, 2 EL Magerquark, 1 Ei, Salz, Pfeffer, 40 g Semmelbrösel, 3 EL gehacktes Basilikum, Öl zum Braten

350 g küchenfertiges Fischfilet (z. B. Lachs, Kabeljau), 15 g Korianderblätter, 1 Knoblauchzehe, 3 cm frischer Ingwer, 1 EL Öl, 200 g Kokosmilch (6 % Fett), 10–15 g rote Chilipaste (Asialaden), 15 g Fischsauce, 1 EL brauner Zucker, Saft von ½ Zitrone

- Zwiebel schälen und vierteln. Zusammen mit abgetropften Tomaten im Mixtopf **8 Sek./Stufe 7** zerkleinern.
- Thunfisch abtropfen lassen und zusammen mit Quark, Ei, Salz, Pfeffer, Semmelbröseln und Basilikum in dem Mixtopf geben. Alles **30 Sek./Stufe 2/Linkslauf** mischen.
- Aus der Masse Frikadellen formen und in einer Pfanne in heißem Öl von beiden Seiten goldbraun braten.

Nährwerte: 210 kcal, 18 g KH, 24 g E, 4 g F

- Fischfilets in mundgerechte Stücke schneiden. Korianderblätter im Mixtopf **5 Sek./Stufe 7** zerkleinern und in ein Schälchen umfüllen.
- Knoblauch und Ingwer schälen und beides zusammen im Mixtopf **5 Sek./Stufe 5** zerkleinern. Mit dem Spatel nach unten schieben. Öl hinzufügen und **3 Min./120 Grad/Stufe 1** dünsten.
- Kokosmilch, Chilipaste, Fischsauce, Zucker und Zitronensaft hinzugeben und **5 Sek./Stufe 5** mischen. Danach alles **5 Min./100 Grad/Stufe 2** erhitzen.
- Fischstücke hinzugeben und **5 Min./100 Grad/Sanftrührstufe/Linkslauf** garen. Koriander mit dem Spatel vorsichtig unterrühren und abschmecken.

Nährwerte: 305 kcal, 10 g KH, 33 g E, 15 g F

Pasta mit Chiligarnelen

| 2 Port. | 👑 | 🕐 1 Std. | 💚 50 Min. |

2 Knoblauchzehen, 1–2 rote Chilischoten, 20 g Olivenöl, 3 EL Zitronensaft, Salz, Pfeffer, 300 g küchenfertige Garnelen (geschält und entdarmt), 120 g Spaghetti, 180 g Kirschtomaten, 1 EL gehacktes Basilikum

- Knoblauchzehen schälen, Chilischoten waschen und entkernen. Beides im Mixtopf **5 Sek./Stufe 5** zerkleinern. Mit dem Spatel nach unten schieben.
- Olivenöl, Zitronensaft, Salz und Pfeffer hinzufügen und **10 Sek./Stufe 2** verrühren.
- Garnelen mit der Marinade vermischen und ca. 30 Min. ziehen lassen.
- In der Zwischenzeit Spaghetti in einen Topf mit Salzwasser nach Packungsbeilage garen.
- Garnelen zusammen mit der Marinade in eine heiße Pfanne geben und ca. 5 Min. braten.
- Kirschtomaten waschen, halbieren, den Stielansatz entfernen und Tomaten zu den Garnelen geben. Weitere 5 Minuten braten.
- Zum Schluss Spaghetti hinzugeben und alles miteinander vermischen. Mit Basilikum bestreuen und servieren.

Nährwerte: 450 kcal, 45 g KH, 36 g, 13 g F

Krabben-Tomaten-Nudeln

| 2 Port. | 👑 | 🕐 35 Min. | 💚 20 Min. |

1 Zwiebel, 1 Knoblauchzehe, 1 rote Paprikaschote, 1 TL Olivenöl, 1 Dose stückige Tomaten (400 g), 20 g Tomatenmark, 1 TL Oregano, ½ TL Thymian, ½ TL Basilikum, 1 TL edelsüßes Paprikapulver, ½ TL rosenscharfes Paprikapulver, 1 TL Zucker, Salz, 200 g Vollkornnudeln, 100 g küchenfertige gegarte Krabben

- Zwiebel und Knoblauch schälen, Zwiebel vierteln. Paprika waschen, vierteln, entkernen und zusammen mit Zwiebel und Knoblauch im Mixtopf **5 Sek./Stufe 5** zerkleinern. Mit dem Spatel nach unten schieben.
- Olivenöl hinzugeben und alles **3 Min./120 Grad/Stufe 1** dünsten.
- Tomaten, Tomatenmark, Kräuter, Gewürze und Salz hinzugeben und **20 Min./100 Grad/Stufe 3** ohne Messbecher garen. Garkörbchen als Spritzschutz auf den Deckel stellen.
- Inzwischen die Nudeln nach Packungsanleitung in Salzwasser al dente kochen.
- Krabben in den Mixtopf geben und **1 Min./90 Grad/Stufe 1/Linkslauf** mitgaren.
- Krabbensauce unter die Nudeln mischen und servieren.

Nährwerte: 470 kcal, 74 g KH, 24 g E, 6 g F

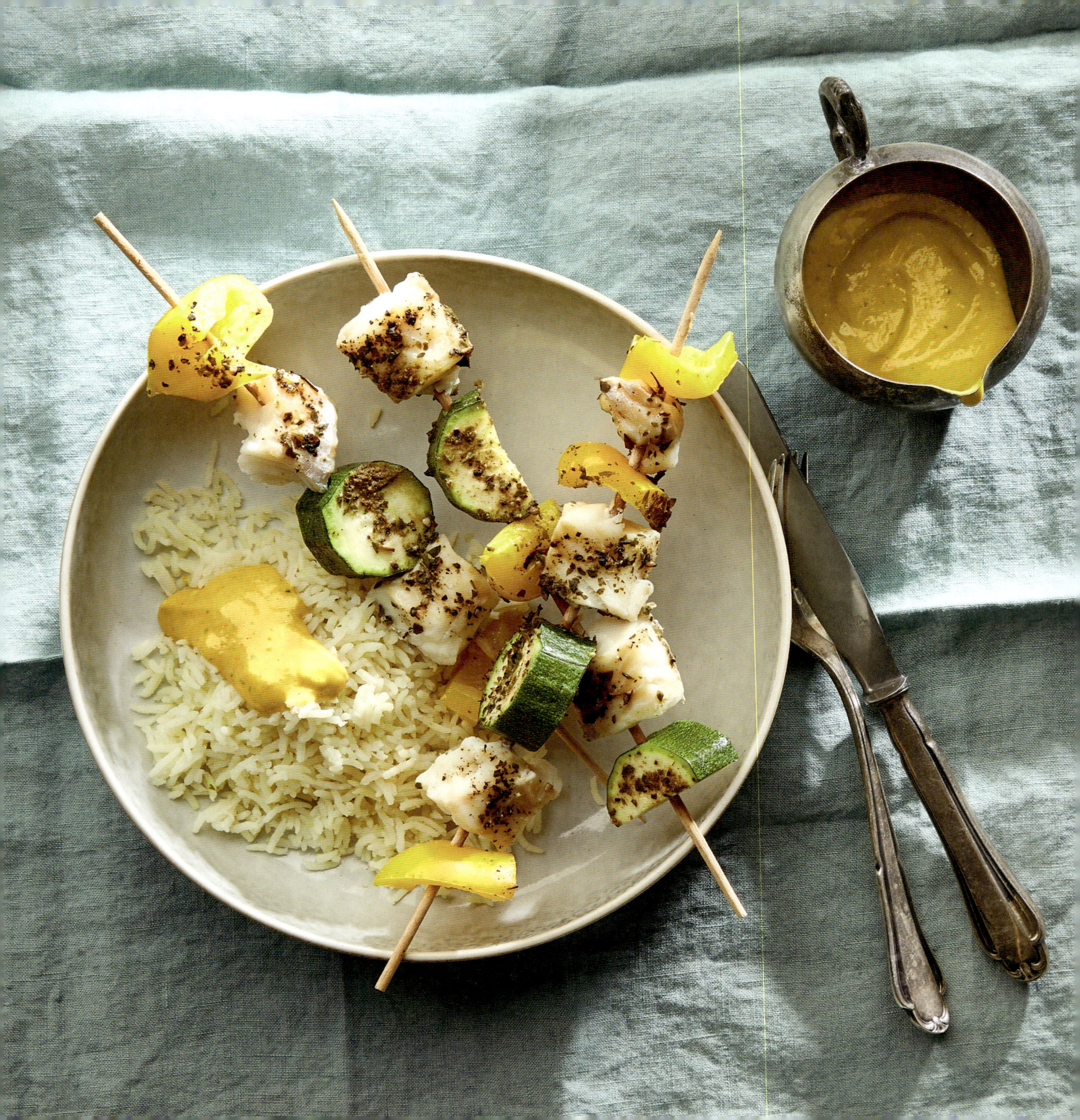

FISCH UND FLEISCH

🍴 2 Port. 👑👑 🕐 45 Min. 💚 30 Min.

Fisch-Gemüse-Spieße mit Senf-Hollandaise

Für die Spieße und den Reis: 250 g Fischfilet (z. B. Kabeljau), 1 gelbe Paprikaschote, 1 Zucchini, Salz, Pfeffer, Oregano, gemahlener Kreuzkümmel, 750 g Gemüsebrühe, 120 g Basmatireis
Für die Sauce: 20 g Butter, 2 Eigelb, 1 TL Gemüsepaste (Seite 36), 1–2 TL Zitronensaft, 1 TL Senf, Salz, Pfeffer

● Fischfilet waschen und in 3 cm große Würfel schneiden. Paprika waschen, entkernen und in ebenso große Stücke schneiden. Zucchini waschen und in 1 cm dicke Scheiben schneiden.
● Fisch, Paprika und Zucchini abwechselnd auf Holzspieße stecken und von allen Seiten mit Salz, Pfeffer, Oregano und Kreuzkümmel würzen. In den Varoma legen.
● Gemüsebrühe in den Mixtopf füllen. Reis in das Garkörbchen geben und das Garkörbchen in den Topf einhängen. Mit dem Deckel verschließen und kurz auf die Turbotaste drücken, damit der gesamte Reis befeuchtet wird.
● Den Messbecher abnehmen und den Varoma aufsetzen. Reis und Fisch-Gemüse-Spieße **25 Min./Varoma/Stufe 1** garen.
● Den Varoma zur Seite stellen, das Garkörbchen herausnehmen und den Reis warm stellen. Die Garflüssigkeit in einen Messbecher umfüllen.

● Den Rühraufsatz einsetzen. 30 g Garflüssigkeit in den Mixtopf geben. Die Zutaten für die Sauce dazugeben und alles **6 Min./70 Grad/Stufe 3–4** rühren.
● Die Sauce abschmecken und zu den Spießen und dem Reis servieren.

Nährwerte: 500 kcal, 50 g KH, 34 g E, 17 g F

Gurken-Lachs-Topf

2 Port. | 👑 | 35 Min. | 💚 20 Min.

1 Salatgurke, 2 Schalotten, 1 EL Rapsöl, 2 EL Mehl, 150 g Kochsahne (15 % Fett), 250 g Fischfond, 2 TL Senf, Salz, Pfeffer, 300 g Lachsfilet, 2 EL gehackter Dill, etwas Zitronensaft

● Gurke schälen, mit einem Teelöffel die Kerne ausschaben und Gurke in dünne Scheiben schneiden.
● Schalotten schälen und im Mixtopf **5 Sek./Stufe 5** zerkleinern. Mit dem Spatel nach unten schieben. Öl hinzugeben und Schalotten **3 Min./120 Grad/Stufe 1** dünsten.
● Gurke hinzufügen und nochmals **3 Min./120 Grad/Stufe 1** dünsten.
● Mehl, Kochsahne, Fond, Senf, Salz und Pfeffer hinzufügen und **10 Min./80 Grad/Stufe 1/Linkslauf** garen.
● Lachs waschen, würfeln und mit Dill in den Mixtopf geben. **6 Min./80 Grad/Sanftrührstufe/Linkslauf** mitgaren.
● Evtl. den Lachs noch etwas in der Sauce ziehen lassen. Mit Salz, Pfeffer und Zitronensaft abschmecken.

Nährwerte: 445 kcal, 18 KH, 36 E, 26 F

Thunfisch-Tomaten-Risotto

4 Port. | 👑 | 30 Min. | 💚 20 Min.

35 g Parmesan, 1–2 Schalotten, 1 Knoblauchzehe, 20 g Olivenöl, 1 Dose Thunfisch im eigenen Saft (200 g), 240 g Risottoreis, 4 Tomaten, 20 g Tomatenmark, 430 g heiße Hühnerbrühe, 75 g trockener Weißwein, Saft von ½ Zitrone, Salz, Pfeffer

● Parmesan in grobe Stücke schneiden, im Mixtopf **8 Sek./Stufe 10** zerkleinern und in eine Schüssel umfüllen.
● Schalotte und Knoblauchzehe schälen. Schalotte halbieren und mit Knoblauch im Mixtopf **5 Sek./Stufe 5** zerkleinern. Mit dem Spatel nach unten schieben. Öl hinzugeben und **3 Min./120 Grad/Stufe 1** dünsten.
● Thunfisch abtropfen lassen und zusammen mit Reis in den Mixtopf geben. **2 Min./120 Grad/Stufe 1** dünsten.
● Tomaten waschen, vierteln, Blütenansätze entfernen und Tomaten würfeln.
● Den Rühraufsatz aufsetzen. Tomaten, Tomatenmark, Brühe, Wein und Zitronensaft hinzugeben und **20 Min./100 Grad/Sanftrührstufe/Linkslauf** garen.
● Kurz vor Ende der Garzeit den Parmesan hinzugeben und unterrühren. Mit Salz und Pfeffer abschmecken.

Nährwerte: 360 kcal, 50 g KH, 16 g E, 9 g F

Lachs-Crostini

2 Port. | 👑 | 10 Min.

3 Petersilienstängel, 6 Dillstängel, 150 g Stremellachs, Saft von ½ Zitrone, Salz, Pfeffer, 1 Prise Zucker, 1–2 EL Olivenöl, 6 Scheiben Weißbrot

● Kräuter waschen, trocken schütteln und die Blättchen abzupfen. Im Mixtopf **5 Sek./Stufe 8** zerkleinern. Mit dem Spatel nach unten schieben.
● Lachs waschen und in grobe Stücke schneiden. Zusammen mit Zitronensaft, Salz, Pfeffer und Zucker in den Mixtopf geben und **5 Sek./Stufe 4** vermischen.
● Öl in einer Pfanne erhitzen und die Weißbrotscheiben von beiden Seiten darin rösten. Herausnehmen, die Lachsmasse darauf verteilen und servieren.

Nährwerte: 360 kcal, 30 g KH, 21 g E, 17 g F

▶ *Lachs-Crostini*

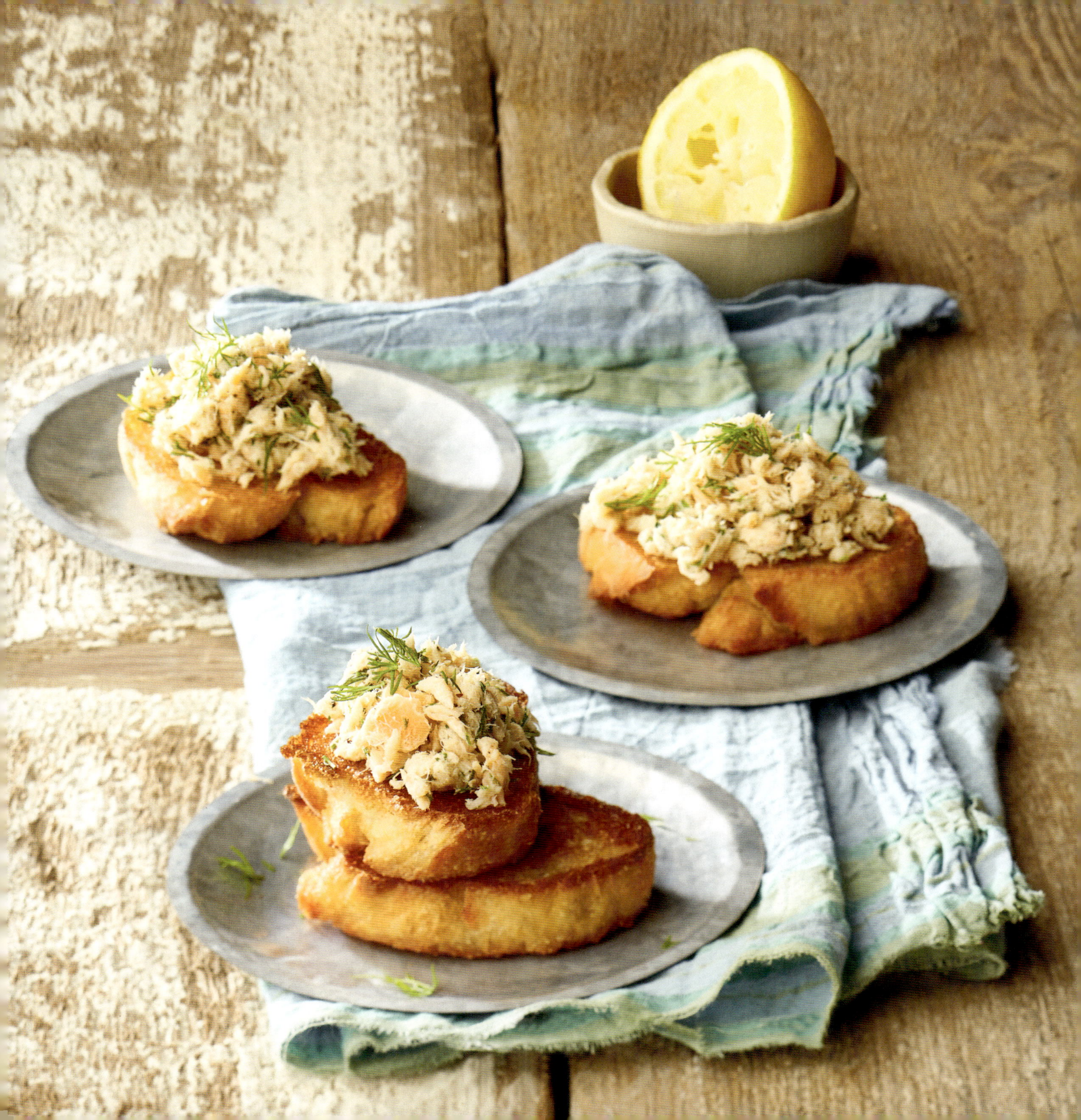

Kuchen und Desserts

Kokos-Himbeer-Makronen

- 12 Stück
- 25 Min.
- 40 Min.

5 Eiweiß, 120 g Zucker, 1 Pck. Vanillezucker, 200 g Kokosraspel, 60 g Himbeeren (frisch oder TK, aufgetaut)

- Backofen auf 175 Grad Ober-/Unterhitze vorheizen. Ein Backblech mit Backpapier auslegen.
- Den Rühraufsatz einsetzen. Eiweiße, Zucker und Vanillezucker im Mixtopf **3 Min./60 Grad/Stufe 4** zu Eischnee schlagen.
- Kokosraspel hinzufügen und alles **5 Min./80 Grad/Stufe 3** rühren. Den Rührvorgang beenden, sobald die Temperatur erreicht ist. Die Masse in eine Schüssel umfüllen.
- Himbeeren mit der Gabel leicht zerdrücken, zur Kokosmasse geben und mit dem Spatel leicht unterheben.
- Die Masse in einen Spritzbeutel mit großer Lochtülle geben und 12 Makronen auf das Backblech spritzen. Im heißen Backofen ca. 25 Min. backen, bis die Makronen eine schöne goldbraune Farbe haben.

Nährwerte: 160 kcal, 13 g KH, 3 g E, 10 g F

Apfel-Pflaumen-Muffins

12 Stück | ♛ | 40 Min. | 25 Min.

50 g Walnusskerne, 2 Äpfel, 3 Pflaumen, 1 Ei, 80 g Zucker, 1 Pck. Vanillezucker, 80 ml Sonnenblumenöl, 250 ml Buttermilch, 50 g kohlensäurehaltiges Mineralwasser, 100 g Mehl, 100 g Vollkorn-Weizenmehl, 2 TL Backpulver, ½ TL Natron, ½ TL Zimt, 1 Prise Salz, Puderzucker zum Bestäuben

- Backofen auf 180 Grad Ober-/Unterhitze vorheizen. Ein 12er-Muffinblech mit Papierförmchen auslegen.
- Walnüsse im Mixtopf **8 Sek./Stufe 6** zerkleinern und in eine Schüssel umfüllen. Äpfel waschen, vierteln und die Kerngehäuse entfernen. Pflaumen waschen, 2 Stück halbieren und entsteinen. Äpfel und Pflaumen im Mixtopf **3 Sek./Stufe 5** zerkleinern und in eine Schüssel umfüllen. Den Mixtopf kurz ausspülen.
- Ei, Zucker, Vanillezucker und Öl im Mixtopf **1 Min./Stufe 4** verrühren. Dann die restlichen Zutaten bis auf die übrige Pflaume und den Puderzucker hinzufügen und **15 Sek./Stufe 6** verrühren.
- Nüsse und Obststücke hinzugeben und **15 Sek./Stufe 3/Linkslauf** unterrühren.
- Den Teig in die Papierförmchen füllen. Restliche Pflaume halbieren, entsteinen, in feine Spalten schneiden und je 1 Spalte leicht in 1 Muffin drücken.
- Die Muffins im heißen Ofen ca. 25 Min. backen. Abkühlen lassen und vor dem Servieren mit Puderzucker bestäuben.

Tipp: Das Vollkornmehl können Sie mit dem Thermomix selber machen! Mahlen Sie einfach zu Beginn 100 g Weizen **1 Min./Stufe 10**.

Nährwerte: 205 kcal, 23 g KH, 4 g E, 11 g F

Brombeer-Schneckenkuchen

12 Stücke | ♛♛ | 40 Min. | 25 Min.

Für den Quark-Öl-Teig: 300 g Mehl plus etwas für die Form, 50 g Sonnenblumenöl plus etwas für die Form, 150 g Magerquark, 1 Ei, 100 g Zucker, 1 Pck. Vanillezucker, 1 Prise Salz, 50 g Milch, 1 Pck. Backpulver
Für den Belag: 500 g Brombeeren (frisch oder TK, aufgetaut), 3 EL brauner Zucker, etwas Zimt
Außerdem: Puderzucker zum Bestäuben

- Backofen auf 190 Grad Ober-/Unterhitze vorheizen. Eine Springform (28 cm Durchmesser) einfetten und mit Mehl bestäuben.
- Alle Teigzutaten im Mixtopf **1 Min./Teigstufe** zu einem Teig verarbeiten. Auf einer bemehlten Fläche zu einem Rechteck (50×60 cm) ausrollen und in ca. 6 cm breite Streifen schneiden.
- Frische Brombeeren waschen und abtropfen lassen. Die Brombeeren auf die Streifen setzen. Zucker und Zimt mischen und auf die Brombeeren streuen.
- Die Streifen aufrollen und vorsichtig etwas festdrücken. Die Rollen so in die Form legen, dass eine große Schnecke entsteht.
- Im heißen Ofen ca. 25 Min. backen. Abkühlen lassen und vor dem Servieren mit Puderzucker bestäuben.

Nährwerte: 215 kcal, 35 g KH, 5 g E, 5 g F

▶ *Brombeer-Schneckenkuchen*

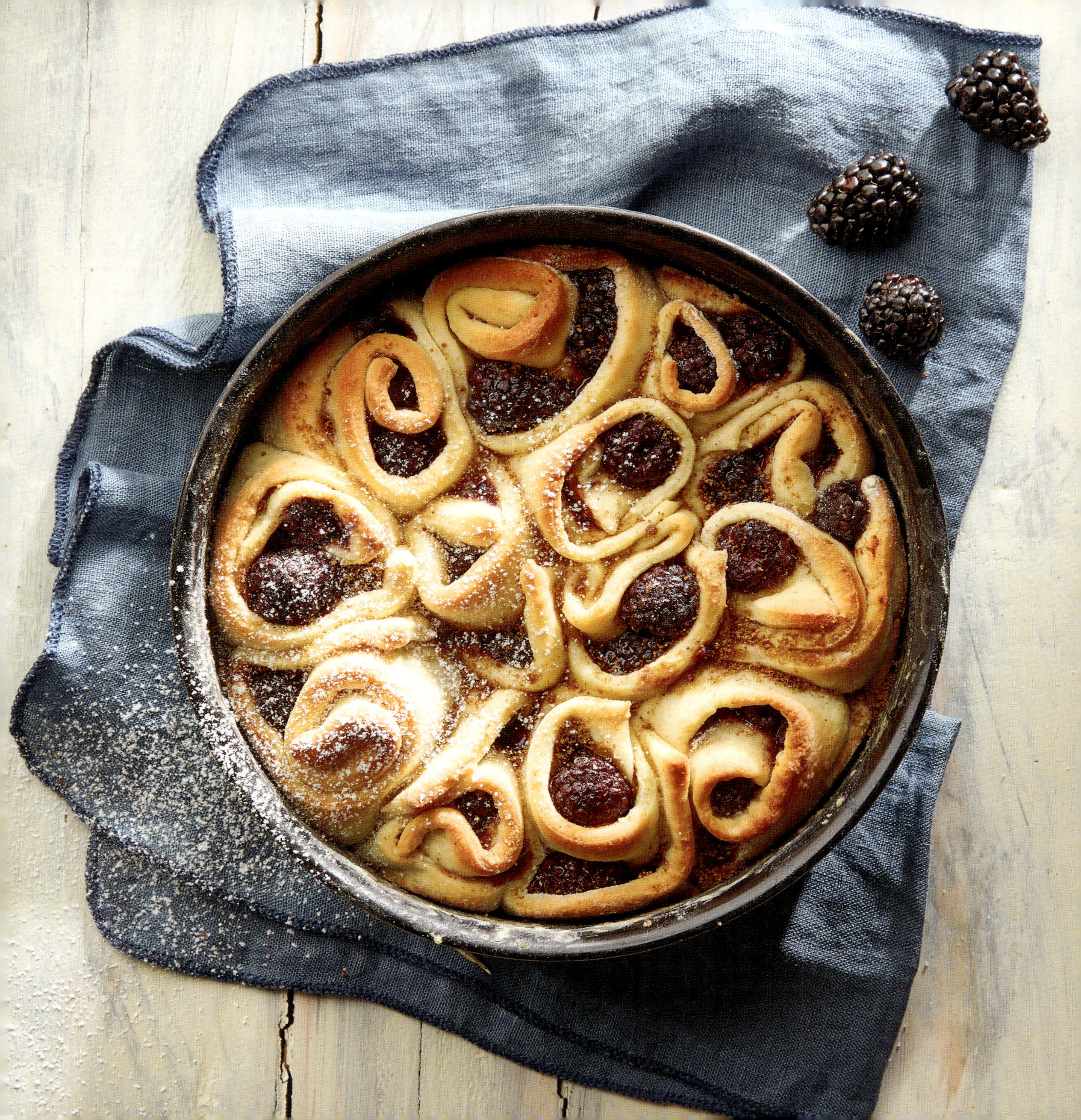

KUCHEN UND DESSERTS

Rüblikuchen im Glas

8 Einmachgläser à 160 ml | | 50 Min. | 30 Min.

Fett für die Gläser, 120 g Mandeln, 180 g Möhren, 2 Eier, 100 g Zucker, 1 EL Speisestärke, 1 EL Rum, 8 Einmachgläser mit Gummiringen und Klammern

- Backofen auf 175 Grad Ober-/Unterhitze vorheizen. Die Gläser einfetten. Die Gummiringe für die Gläser in kaltes Wasser legen.
- Mandeln im Mixtopf **10 Sek./Stufe 8** mahlen und in eine Schüssel umfüllen. Möhren schälen, in grobe Stücke schneiden und in den Mixtopf geben. **8 Sek./Stufe 7** zerkleinern und in die Schüssel zu den Mandeln geben. Den Mixtopf ausspülen.
- Den Rühraufsatz einsetzen. Eier trennen, Eiweiße im Mixtopf **3 Min./Stufe 4** zu Eischnee schlagen und in eine Schüssel umfüllen.
- Den Rühraufsatz wieder entfernen. Eigelbe und Zucker im Mixtopf **3 Min./Stufe 4** verrühren.
- Speisestärke, Rum, Mandeln und Möhren hinzugeben und **3 Min./Stufe 4–5** verrühren. Den Eischnee mit Hilfe des Spatels oder eines Schneebesens unterheben. Den Teig in die Gläser füllen und im heißen Backofen ca. 30 Min. backen.
- Die Gläser sofort nach dem Backen mit den Gummiringen, Deckeln und Klammern verschließen. Die Klammern lösen, wenn der Kuchen ausgekühlt ist.

Nährwerte: 180 kcal, 16 g KH, 6 g E, 9 g F

Schoko-Erdbeer-Whoopies

10 Stück | | 40 Min. | 30 Min.

Für den Teig: 75 g weiche Butter, 120 g Zucker, 1 Pck. Vanillezucker, 1 Ei, 125 g Buttermilch, 2 EL Milch, 200 g Mehl, 30 g Kakaopulver, ¾ TL Natron, ¼ TL Backpulver
Für die Füllung: 100 g Erdbeeren (frisch oder TK, aufgetaut), 100 g Frischkäse (5% Fett), 100 g Magerquark, 50 g Zucker

- Butter, Zucker, Vanillezucker und Ei in den Mixtopf geben und **2 Min./Stufe 4** verrühren.
- Restliche Zutaten für den Teig hinzufügen und nochmals **3 Min./Stufe 4** verrühren. Teig für ca. 20 Min. kühl stellen.
- Backofen auf 170 Grad Umluft vorheizen. 2 Backbleche mit Backpapier belegen.
- Je 10 Teighäufchen mithilfe von 2 Esslöffeln auf einem Backblech verteilen. Im heißen Backofen ca. 12 Min. backen. Stäbchenprobe machen, anschließend auskühlen lassen.
- Für die Füllung frische Erdbeeren waschen und die Blütenansätze entfernen. Erdbeeren mit allen anderen Zutaten für die Füllung in den Mixtopf geben und **2 Min./Stufe 4** verrühren.
- Die Masse in einen Spritzbeutel füllen und auf 10 der Teighäufchen spritzen. Die restlichen Teighälften als Deckel daraufsetzen und leicht andrücken.

Nährwerte: 250 kcal, 35 g KH, 6 g E, 8 g

▶ *Schoko-Erdbeer-Whoopies*

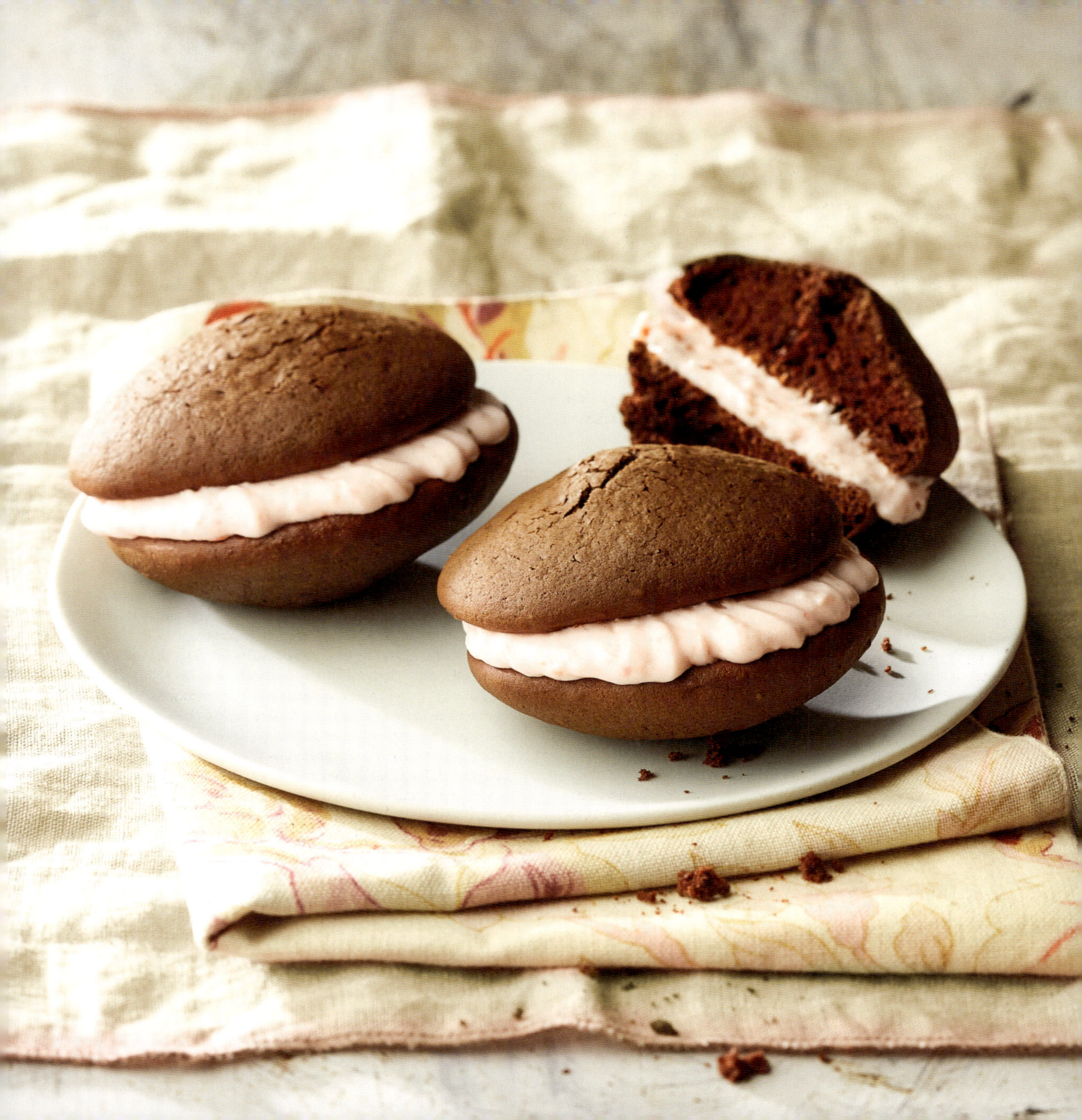

KUCHEN UND DESSERTS

Haferflocken-Bananen-Cookies

15 Stück · 35 Min. · 20 Min.

2 reife Bananen, 75 g zarte Haferflocken, 75 g kernige Haferflocken, 2 EL Mandelblättchen, 2 EL Trockenfrüchte (z. B. Cranberries, Kirschen)

● Backofen auf 180 Grad Ober-/Unterhitze vorheizen. Ein Backblech mit Backpapier auslegen.
● Bananen schälen und in grobe Stücke brechen. Zusammen mit Haferflocken, Mandeln und Trockenfrüchten im Mixtopf **10 Sek./Stufe 4** verrühren.
● Aus der Masse gleichgroße Kugeln formen, etwas platt drücken und auf dem Backblech verteilen.
● Im heißen Backofen 15–20 Min. backen.

Nährwerte: 75 kcal, 12 g KH, 2 g E, 1 g F

Kernige Schokobällchen

ca. 30 Stück · 3 Std. · 3 Std. 10 Min.

60 g Mandeln, 60 g Cashewkerne, 30 g Sonnenblumenkerne, 30 g Kürbiskerne, 100 g getrocknete Datteln, 50 g Rosinen, 1 Pck. Vanillezucker, 1 EL Kakaopulver, Kokosflocken zum Wälzen

● Alle Zutaten bis auf Kokosflocken in den Mixtopf geben und **40 Sek./Stufe 8** verrühren.
● Aus der Masse kleine gleichgroße Bällchen formen und in den Kokosflocken wälzen.
● Mindestens 3 Stunden kühl stellen.

Tipp: Die Bällchen schmecken noch besser, wenn Sie sie 1–2 Tage im Kühlschrank aufbewahren.

Nährwerte: 55 kcal, 4 g KH, 2 g E, 3 g F

Fruchties

15 Stück · 20 Min.

50 g Softaprikosen, 25 g Softdatteln, 25 g Softpflaumen, 25 g Mandeln, 25 g Haselnusskerne, ½–1 TL Lebkuchengewürz oder Zimt, 24 runde Backoblaten

● Trockenfrüchte, Mandeln, Nüsse und Gewürz in den Mixtopf geben und **30 Sek./Stufe 5** vermischen.
● 12 Backoblaten auf der Arbeitsfläche auslegen. Aus der Fruchtmasse 12 gleichgroße Bällchen formen und auf je 1 Oblate setzen.
● Restliche Oblaten daraufsetzen und die oberen Oblaten mithilfe eines Glases mit ebenen Boden oder einer Stielkasserolle vorsichtig herunterdrücken, sodass sich die Fruchtmasse auf den ganzen Oblaten verteilt.

Nährwerte: 45 kcal, 4 g KH, 1 g E, 3 g E

Berliner aus dem Backofen

| 8 Stück | 👑 | 🕐 1 Std. 20 Min. | 💚 1 Std. 5 Min. |

150 g Milch, ½ Würfel Hefe (20 g), 50 g Zucker, 350 g Mehl plus etwas für die Arbeitsfläche, 1 Ei, 1 Prise Salz, 60 g Butter, Puderzucker zum Bestäuben

- Milch, Hefe und 1 TL Zucker im Mixtopf **3 Min./37 Grad/Stufe 1** verrühren.
- Restlichen Zucker, Mehl, Ei, Salz und 35 g Butter hinzufügen und **3 Min./Knetstufe** zu einem Teig verarbeiten.
- Den Teig auf der bemehlten Arbeitsfläche zu einer Rolle formen und in 8 Stücke teilen. Diese zu Kugeln formen und auf ein mit Backpapier ausgelegtes Backblech setzen. Mit einem sauberen Geschirrtuch abdecken und 45 Min. gehen lassen.
- Den Backofen auf 180 Grad Ober-/Unterhitze vorheizen. Die Berliner im heißen Ofen 15–20 Min. backen. Kurz abkühlen lassen. Restliche Butter zerlassen und die Berliner damit bestreichen sowie mit Puderzucker bestäuben.

Variante: Wer mag, kann die Berliner noch mit Konfitüre füllen. Rechnen Sie pro TL nicht-zuckerreduzierter Konfitüre mit ca. 25 kcal.

Nährwerte: 260 kcal, 40 g KH, 6 g E, 8 g F

Käsekuchen im Glas

| 8 Einmachgläser à 160 ml | 👑 | 🕐 50 Min. | 💚 40 Min. |

1 Vanilleschote, 65 g weiche Butter plus etwas für die Gläser, 75 g Zucker, 2 Eier, 500 g Magerquark, 1 Pck. Sahnepuddingpulver, 1 EL Mehl, 8 Einmachgläser mit Gummiringen und Klammern

- Den Backofen auf 175 Grad Ober-/Unterhitze vorheizen. Die Gläser einfetten. Gummiringe in kaltes Wasser legen.
- Vanilleschote längs aufschlitzen und Mark auskratzen. Vanillemark mit Butter, Zucker und Eiern im Mixtopf **1 Min./Stufe 4** schaumig rühren.
- Quark, Puddingpulver und Mehl hinzufügen und **30 Sek./Stufe 6** verrühren.
- Die Quarkmasse in die Gläser füllen und im heißen Backofen 35–40 Min. backen. Die Gläser sofort nach dem Backen mit den Gummiringen, Deckel und Klammern verschließen. Die Klammern lösen, wenn der Kuchen ausgekühlt ist.

Nährwerte: 190 kcal, 17 g KH, 10 g E, 8 g F

KUCHEN UND DESSERTS

Schoko-Erdbeer-Torte

1 Torte | 👑👑 | 4 Std. 40 Min. | ♥ 4 Std.

Für den Biskuit: 3 Eier, 70 g Zucker, 1 Pck. Vanillezucker, 40 g Mehl, 30 g Speisestärke
Für Creme und Belag: 5 Blatt Gelatine, 500 g Erdbeeren, 200 g Sahne, 1 Vanilleschote, 250 g Magerquark, 150 g Joghurt (1,5 % Fett), Saft von 1 Zitrone, 50 g Zartbitterkuvertüre

● Den Backofen auf 180 Grad Ober-/Unterhitze vorheizen. Eine Springform (26 cm Durchmesser) mit Backpapier auslegen.
● Den Rühraufsatz einsetzen. Eier, Zucker und Vanillezucker in den Mixtopf geben und **3 Min./50 Grad/Stufe 3** rühren. Dann Mehl und Speisestärke hinzugeben und **6 Sek./Stufe 3** verrühren.
● Den Teig in die Form geben und ca. 20 Min. backen. Auskühlen lassen. Mixtopf spülen.
● Für die Creme Gelatine nach Packungsanweisung einweichen. Erdbeeren waschen, Blütenansätze entfernen und 100 g der Früchte halbieren. Den Rest beiseitelegen.
● Den Rühraufsatz wieder in den Mixtopf einsetzen. Sahne hineingeben und auf **Stufe 3** steif schlagen. In eine Schüssel umfüllen. Den Rühraufsatz entfernen.
● Vanilleschote längs aufschlitzen und Mark auskratzen. Mark mit Quark, Joghurt, Zitronensaft und den Erdbeerhälften im Mixtopf **15 Sek./Stufe 3** verrühren.

● Gelatine ausdrücken, in einem Topf erhitzen, mit etwas Creme vermischen und zur restlichen Creme in den Mixtopf geben. Alles **10 Sek./Stufe 3** verrühren.
● Die Creme in eine Schüssel geben und Sahne mit einem Schneebesen unterheben.
● Einen Tortenring um den Boden legen und die Creme darauf verteilen. Die Torte mindestens 3–4 Stunden kühlen.
● Restliche Erdbeeren mit den Spitzen nach oben auf ein Kuchengitter setzen. Kuvertüre in grobe Stücke hacken, in einen Gefrierbeutel geben, Beutel verschließen und die Kuvertüre im warmen Wasserbad schmelzen. Eine kleine Ecke vom Gefrierbeutel abschneiden und die Kuvertüre aus die Erdbeeren spritzen. Die Kuvertüre trocknen lassen.
● Schoko-Erdbeeren auf die Creme setzen und den Tortenring entfernen.

Nährwerte: 185 kcal, 19 g KH, 7 g E, 8 g F

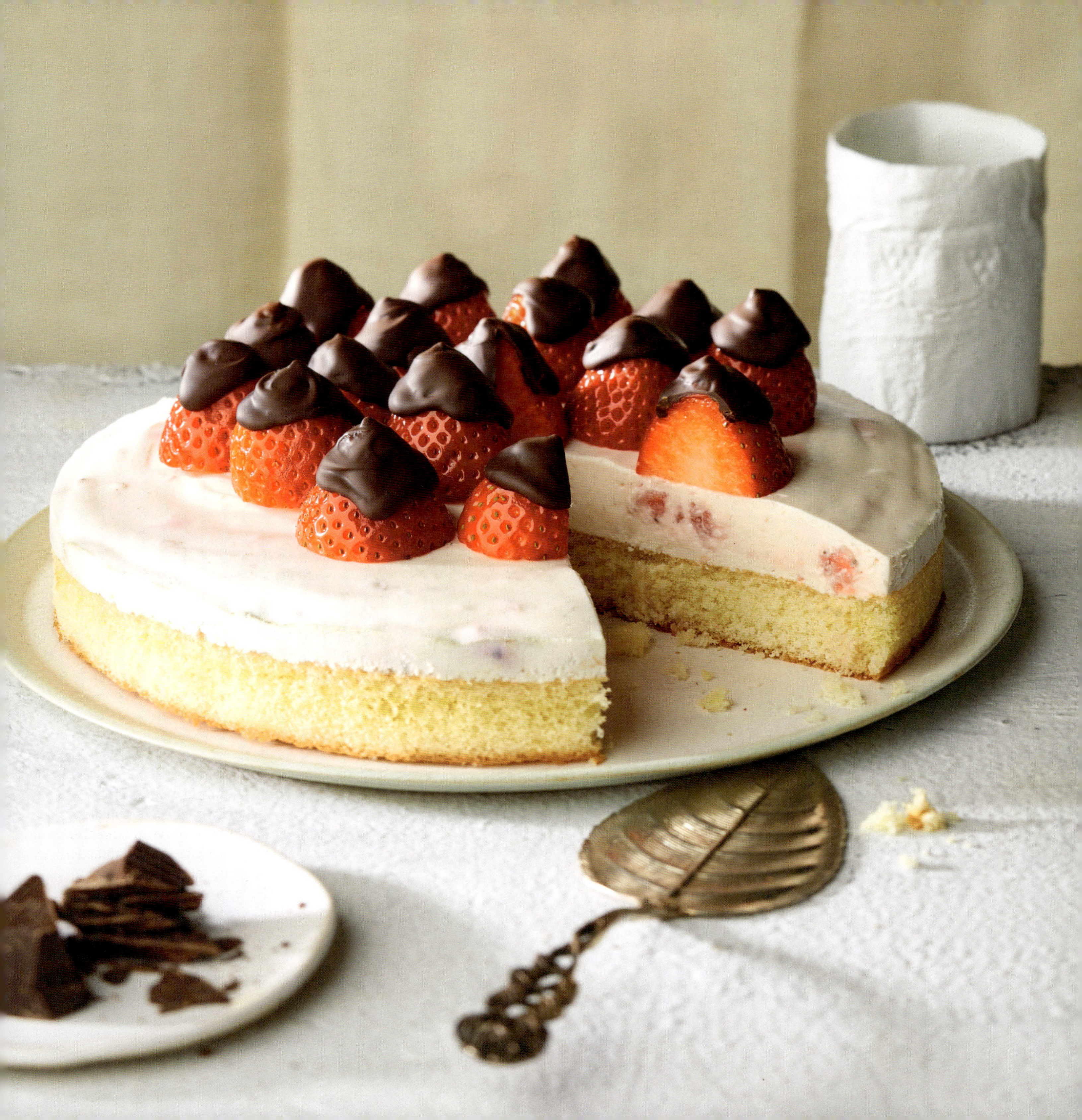

Apfel-Pancakes

2 Pers. | 20 Min.

1 Apfel, 2 EL Zitronensaft, 2 Eier, 1 Prise Salz, 2–3 EL Zucker, 1 Pck. Vanillezucker, 60 g Mehl, 1–2 TL Backpulver, 70 g Milch, Butter zum Backen, Puderzucker zum Bestäuben

- Apfel waschen, schälen, das Kerngehäuse ausstechen und den Apfel in dünne Scheiben schneiden. Mit Zitronensaft beträufeln.
- Den Rühraufsatz einsetzen. Eier trennen. Eiweiße mit dem Salz im Mixtopf **5 Min./Stufe 3** zu Eischnee schlagen und in eine Schüssel umfüllen.
- Den Rühraufsatz wieder entfernen. Eigelbe, Zucker, Vanillezucker, Mehl, Backpulver und Milch in den Mixtopf geben und **30 Sek./Stufe 4** verrühren. Dann Eischnee hinzugeben und **ca. 40 Sek./Stufe 3** mit Hilfe des Spatels unterrühren.
- Den Teig portionsweise in eine heiße Pfanne mit etwas Butter geben und jeweils eine Apfelscheibe darauflegen. Pancakes von beiden Seiten goldbraun backen. Mit Puderzucker bestäubt servieren.

Nährwerte: 315 kcal, 49 g KH, 11 g E, 7 g F

Orientalischer Granatapfel-Milchreis

2 Port. | 45 Min. | 35 Min.

300 ml Mandeldrink, 40 g Zucker, 1 Prise Salz, 75 g Rundkornreis, ½ Döschen Safranfäden, Zimt, 20 g Rosinen, ½ Granatapfel

- Mandeldrink, Zucker und Salz im Mixtopf **6 Min./100 Grad/Stufe 1** aufkochen.
- Dann Reis, Safran und Zimt hinzugeben und **30 Min./90 Grad/Stufe 1/Linkslauf** ohne Messbecher garen.
- Rosinen 3 Min. vor Ende der Garzeit über die Messbecheröffnung zum Reis geben.
- Granatapfel halbieren und die Hälften in eine mit Wasser gefüllte Schüssel legen. Nun die Granatapfelhälften mit den Händen unter Wasser in kleine Stücke brechen und die Kerne herauslösen.
- Kerne aus dem Wasser fischen, in einem sauberen Geschirrtuch abtrocknen und über den fertigen Milchreis geben.

Tipp: Je nach gewünschter Konsistenz können Sie auch noch mehr Mandeldrink hinzugeben.

Nährwerte: 280 kcal, 59 g KH, 4 g E, 2 g F

▶ *Orientalischer Granatapfel-Milchreis*

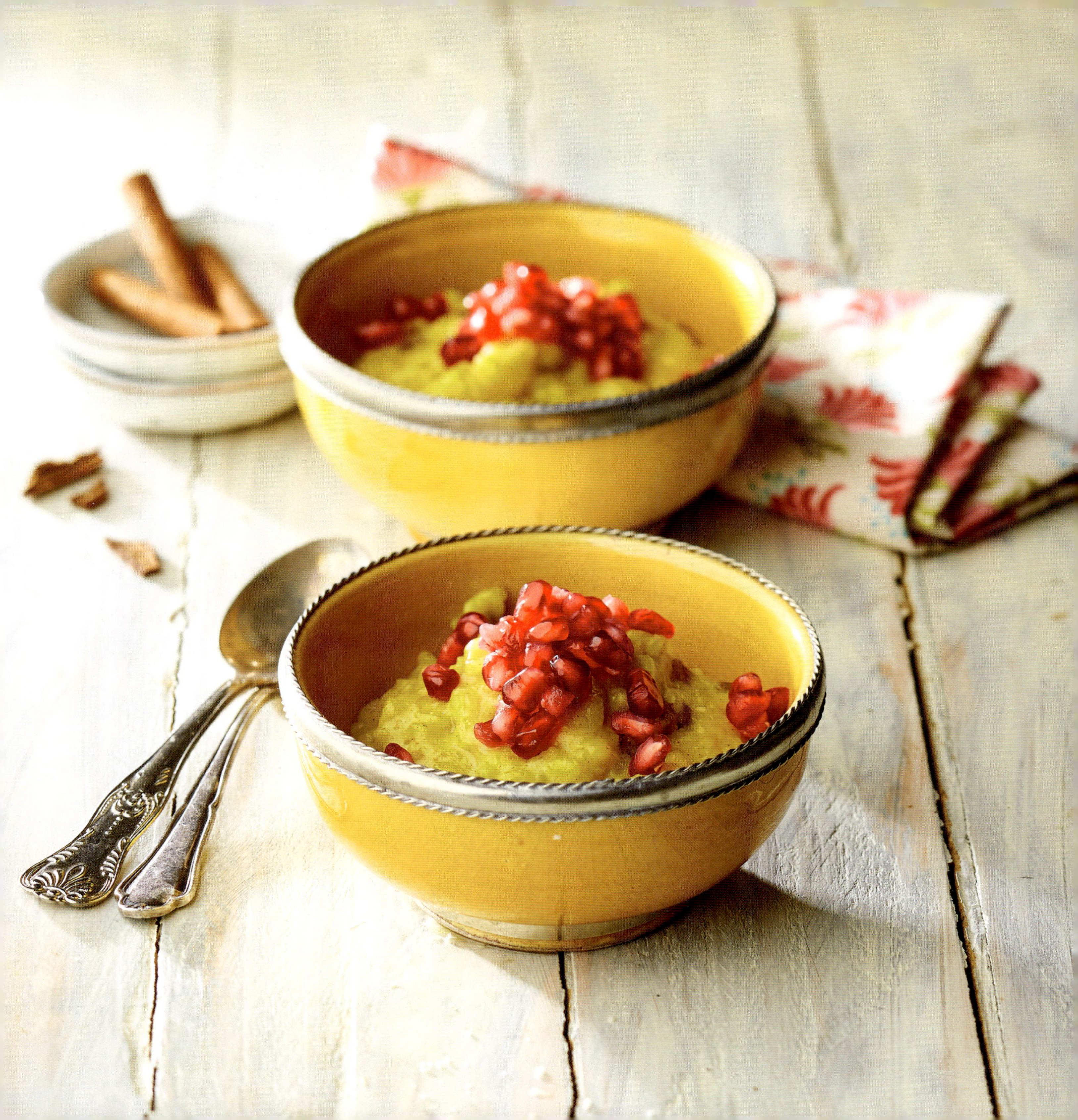

Zitronen-Dickmilch

2 Port. | 5 Min.

2–3 Zitronenmelissestängel, 1 Bio-Zitrone, 250 g Dickmilch, 50 g Joghurt (1,5 % Fett), 2 TL flüssiger Honig, ½ TL Zimt

- Zitronenmelisse waschen, trocken schütteln und die Blätter abzupfen. Blätter im Mixtopf **10 Sek./Stufe 8** hacken. Mit dem Spatel nach unten schieben.
- Zitronenschale abreiben und den Saft auspressen. Beides mit Dickmilch, Joghurt, Honig und Zimt zu der Zitronenmelisse hinzufügen und **10 Sek./Stufe 4** verrühren.
- In 2 Gläser füllen und servieren.

Tipp: Die Dickmilch passt hervorragend zu frischen Erdbeeren!

Nährwerte: 120 kcal, 13 g KH, 5 g E, 5 g F

Kaffee-Heidelbeer-Creme

2 Port. | 5 Min.

30 g Zucker, 1 Pck. Vanillezucker, 150 g Magerquark, 50 g Joghurt, 60 g Milch (1,5 % Fett), 1–2 TL gemahlener Kaffee, 100 g Heidelbeeren (frisch oder TK, aufgetaut)

- Zucker und Vanillezucker **5 Sek./Stufe 10** pulverisieren.
- Quark, Joghurt, Milch und Kaffee hinzufügen und **10 Sek./Stufe 4** verrühren.
- Frische Heidelbeeren waschen und abtropfen lassen. Heidelbeeren unter die Quark-Joghurt-Masse heben.
- Auf 2 Gläser oder Dessertschüsseln verteilen und servieren.

Tipp: Wer den Kaffee etwas feiner möchte, kann diesen zusammen mit dem Zucker und dem Vanillezucker pulverisieren.

Nährwerte: 210 kcal, 32 g KH, 13 g E, 2 g F

Honigmelone mit Kokosquark

2 Port. | 5 Min.

2–3 EL Kokosraspel, ½ Honigmelone (ca. 200 g Fruchtfleisch), 100 g Magerquark, 150 g Kefir, 2–3 TL flüssiger Honig, ½ TL Zimt

- Kokosraspel in einer beschichteten Pfanne ohne Fett rösten. Abkühlen lassen.
- Honigmelone entkernen, das Fruchtfleisch aus der Schale lösen und in kleine Würfel schneiden.
- Quark, Kefir, Honig, Zimt und Kokosraspel im Mixtopf **10 Sek./Stufe 4** verrühren.
- Melone auf 2 Schälchen verteilen und mit dem Kokosquark servieren.

Nährwerte: 200 kcal, 20 g KH, 10 g E, 7 g F

▶ *Kaffee-Heidelbeer-Creme*

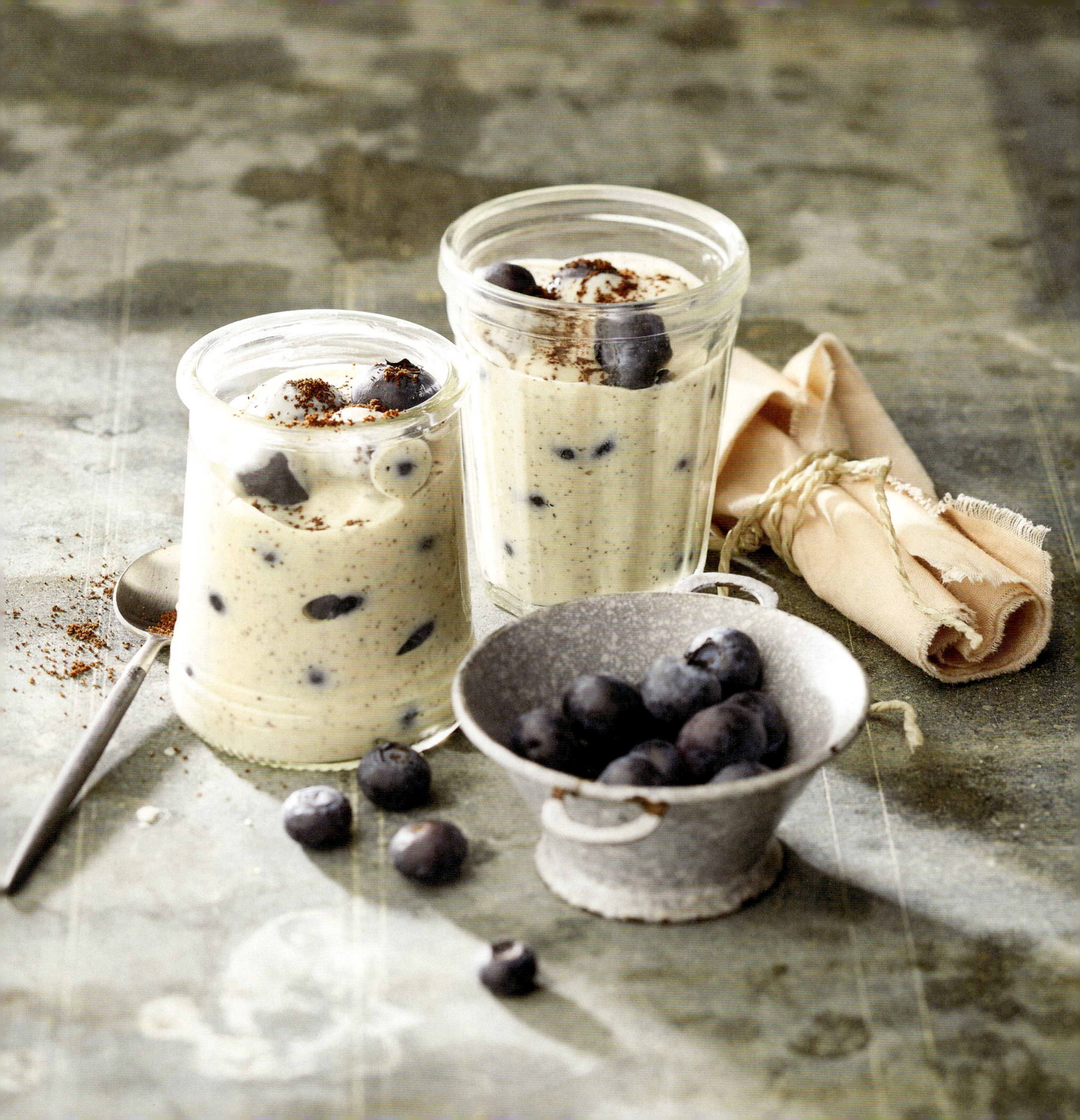

Rote Grütze

6 Port. | 👑 | ⏱ 15 Min. | 💚 7 Min.

1 Glas Sauerkirschen (720 ml), 25 g Zucker, ½ Pck. Vanillepuddingpulver, 1 EL Rum, 1–2 Prisen Zimt, 300 g TK-Beeren nach Wahl

● Das Garkörbchen einsetzen und Sauerkirschen hineingießen. Körbchen herausnehmen, abtropfen lassen und die Kirschen zur Seite stellen.
● Zucker, Puddingpulver, Rum und Zimt zu dem Saft in den Mixtopf geben und **7 Min./90 Grad/Stufe 3** erhitzen.
● TK-Beeren und Kirschen in eine Schüssel geben. Den heißen Kirschsaft darübergießen und vorsichtig untermengen. Abkühlen lassen.

Tipp: Füllen Sie die heiße Grütze in verschließbare Gläser und lassen Sie sie erst darin abkühlen. So können Sie die Grütze gut portionieren und im Kühlschrank 1–2 Wochen frisch halten.

Nährwerte: 140 kcal, 29 g KH, 1 g E, 1 g F

Orangen-Joghurt-Eis

4 Port. | 👑 | ⏱ 5 Std. 10 Min. | 💚 5 Std.

2–3 Bio-Orangen, 50 g Zucker, 400 g Joghurt (1,5 % Fett), 100 g saure Sahne, Eiswürfel

● Schale von 1 Orange in den Mixtopf reiben. Zucker hinzugeben und **10 Sek./Stufe 10** pulverisieren. Mit dem Spatel nach unten schieben und nochmals **10 Sek./Stufe 10** pulverisieren.
● Alle Orangen auspressen. 200 g Orangensaft, Joghurt und saure Sahne in den Mixtopf geben und **8 Sek./Stufe 3** verrühren. Die Masse in 3 Eiswürfelbehälter füllen und gefrieren lassen.
● Kurz vor dem Servieren die gewünschte Portion Eiswürfel in den Mixtopf geben.
● Auf Schälchen verteilen und sofort servieren.

Variante: Rühren Sie für noch mehr Frische die Blättchen von 2–3 Zitronenmelissestängeln unter. Dafür vor dem Abfüllen der Eiscreme die gewaschenen und trocken geschüttelten Blättchen zugeben und **20 Sek./Stufe 7** zu einer cremigen Masse verrühren.

Nährwerte: 205 kcal, 32 g KH, 5 g E, 6 g F

Himbeer-Softeis

🍴 2 Port. 👑 ⏱ 5 Min.

30 g Zucker, 1 Pck. Vanillezucker, ½ Bio-Zitrone, 150 g TK-Himbeeren, 1 Eiweiß

- Zucker und Vanillezucker im Mixtopf **10 Sek./Stufe 10** pulverisieren. Schale von der Zitrone abreiben.
- Gefrorene Himbeeren und Zitronenschale zum Zucker in den Mixtopf geben und **10 Sek./Stufe 8** zerkleinern. Mit dem Spatel nach unten schieben.
- Den Rühreinsatz einsetzen. Eiweiß hinzugeben und **2 Min./Stufe 4** cremig schlagen.
- Auf 2 Schälchen verteilen und sofort servieren.

Nährwerte: 105 kcal, 19 g KH, 3 g E, 0 g F

Chia-Schokopudding

🍴 2 Port. 👑 ⏱ 30 Min. ♥ 5 Min.

250 g Mandeldrink, 35 g Chia-Samen, 4 Datteln, 2–3 TL Kakaopulver, 10 g Mandelmus

- Alle Zutaten in den Mixtopf geben und 20–30 Min. quellen lassen.
- Anschließend so lange auf **Stufe 8** mixen, bis ein cremiger Pudding entsteht.

Nährwerte: 195 kcal, 11 g KH, 7 g E, 11 g F

Apfel-Zimt-Eis

🍴 4 Port. 👑 ⏱ 2 Std. 10 Min. ♥ 2 Std.

350 g Äpfel, 1 reife Banane, 50 g Zucker, ½ TL Zimt, 1 MSP gemahlene Nelken, 1 MSP gemahlener Kardamom, abgeriebene Schale von ½ Bio-Orange, 50 g Sahne, 100 g Magerquark

- Äpfel schälen, vierteln, die Kerngehäuse entfernen und Äpfel in grobe Stücke schneiden. Banane schälen und ebenfalls in grobe Stücke schneiden. Beides im Tiefkühler ca. 2 Stunden gefrieren lassen.
- Anschließend Zucker im Mixtopf **10 Sek./Stufe 10** pulverisieren. Gewürze und gefrorene Früchte hinzugeben und **10 Sek./Stufe 6** zerkleinern.
- Sahne und Magerquark hinzugeben und **30 Sek./Stufe 4** verrühren.
- In Schälchen füllen und sofort servieren.

Nährwerte: 190 kcal, 30 g KH, 4 g E, 5 g F

Aufstriche, Saucen und Getränke

Radieschen-Kresse-Aufstrich

2 Port. | 5 Min.

½ Bund Radieschen, ½ Kästchen Kresse, 100 g Frischkäse (5 % Fett), 3 EL Joghurt (1,5 % Fett), 60 g Magerquark, Salz, Pfeffer

- Radieschen putzen, waschen, halbieren und im Mixtopf **10 Sek./Stufe 5** zerkleinern. Mit dem Spatel nach unten schieben.
- Kresse abschneiden und mit Frischkäse, Joghurt, Quark und Gewürzen in den Mixtopf geben. Alles **10 Sek./Stufe 4** verrühren.

Tipp: Geben Sie noch 1 Möhre sowie 1–2 Frühlingszwiebeln zu den Radieschen in den Mixtopf zum Zerkleinern – damit erhöht sich die Menge der kcal um etwa 20.

Nährwerte: 100 kcal, 6 g KH, 10 g E, 3 g F

Forellen-Ei-Aufstrich

4 Port. | **20 Min.** | **14 Min.**

2 Eier, 1 geräuchertes Forellenfilet (ca. 70 g), 100 g Crème fraîche légère (15 % Fett), 30 g Joghurt (1,5 % Fett), etwas Zitronensaft, 3 EL gehackter Dill, Salz, Pfeffer

- 500 g Wasser in den Mixtopf füllen. Eier in das Garkörbchen geben, das Garkörbchen einhängen und Eier **14 Min./Varoma/Stufe 1** kochen. Anschließend abschrecken und abkühlen lassen.
- Eier pellen, vierteln und in den Mixtopf geben. Forelle in grobe Stücke zerpflücken und hinzugeben.
- Crème fraîche, Joghurt, Zitronensaft, Dill, Salz und Pfeffer einfüllen und alles **10 Sek./Stufe 5** verrühren. Mit Salz und Pfeffer abschmecken.

Variante: Das Forellenfilet können Sie auch durch geräucherte Makrele ersetzen.

Nährwerte: 110 kcal, 3 g KH, 8 g E, 7 g F

Rucola-Tomaten-Aufstrich

4 Port. | **5 Min.**

1 Knoblauchzehe, 1 Bund Rucola, 3 Tomaten, 150 g Feta (9 % Fett), 3 EL Joghurt (1,5 % Fett), 1 TL Senf, Salz, Pfeffer

- Knoblauch schälen und **3 Sek./Stufe 5** zerkleinern. Mit dem Spatel nach unten schieben.
- Rucola waschen, trocken schütteln und einmal durchschneiden. Im Mixtopf **6 Sek./Stufe 6** zerkleinern.
- Tomaten waschen, vierteln, die Stielansätze und die Kerne entfernen. Tomaten zum Rucola in den Mixtopf geben und **5 Sek./Stufe 5** zerkleinern.
- Feta, Joghurt, Senf, Salz und Pfeffer hinzufügen und alles **15 Sek./Stufe 3** verrühren. Mit Salz und Pfeffer abschmecken.

Nährwerte: 90 kcal, 4 g KH, 9 g E, 4 g F

▶ *Rucola-Tomaten-Aufstrich*

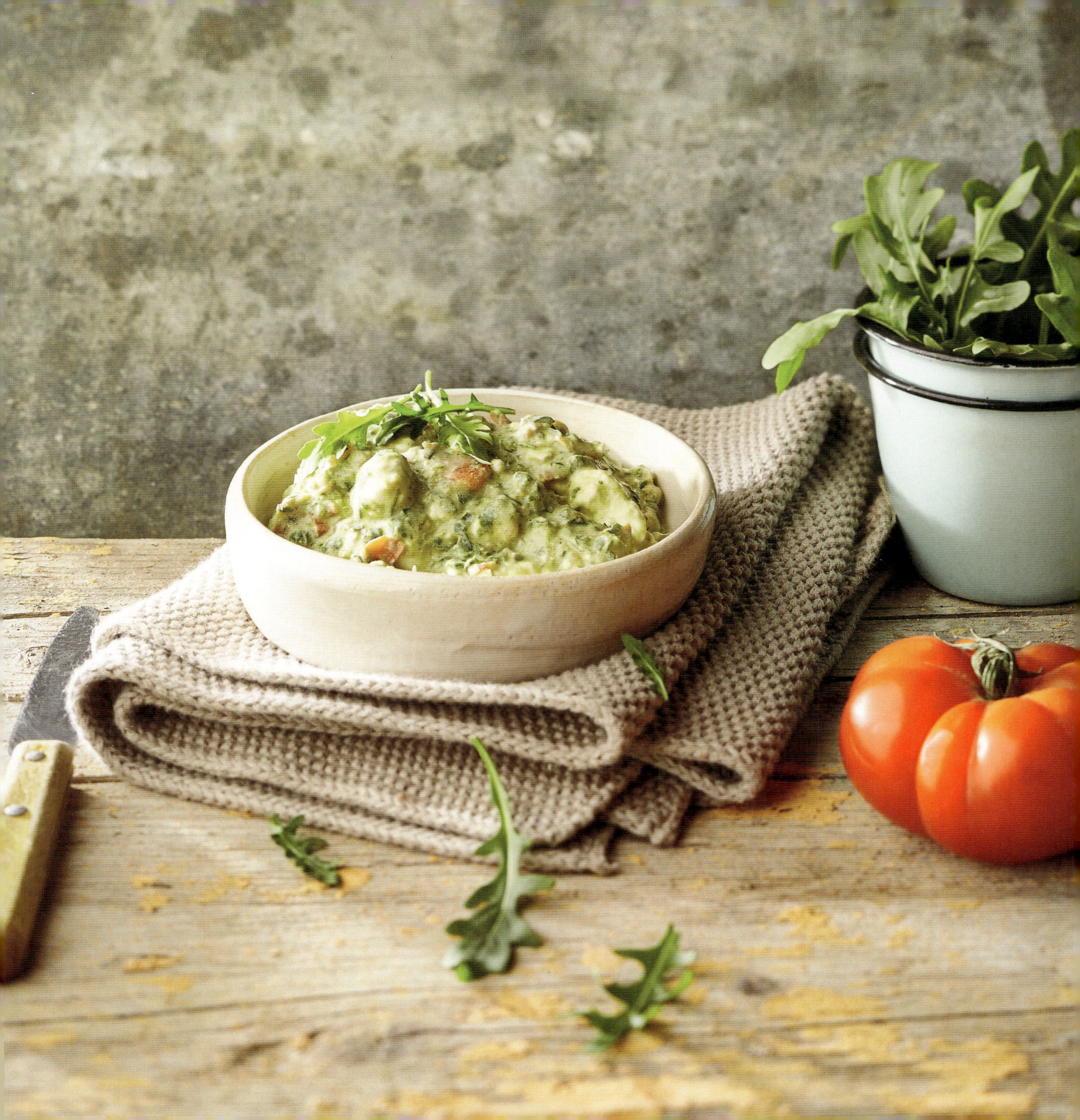

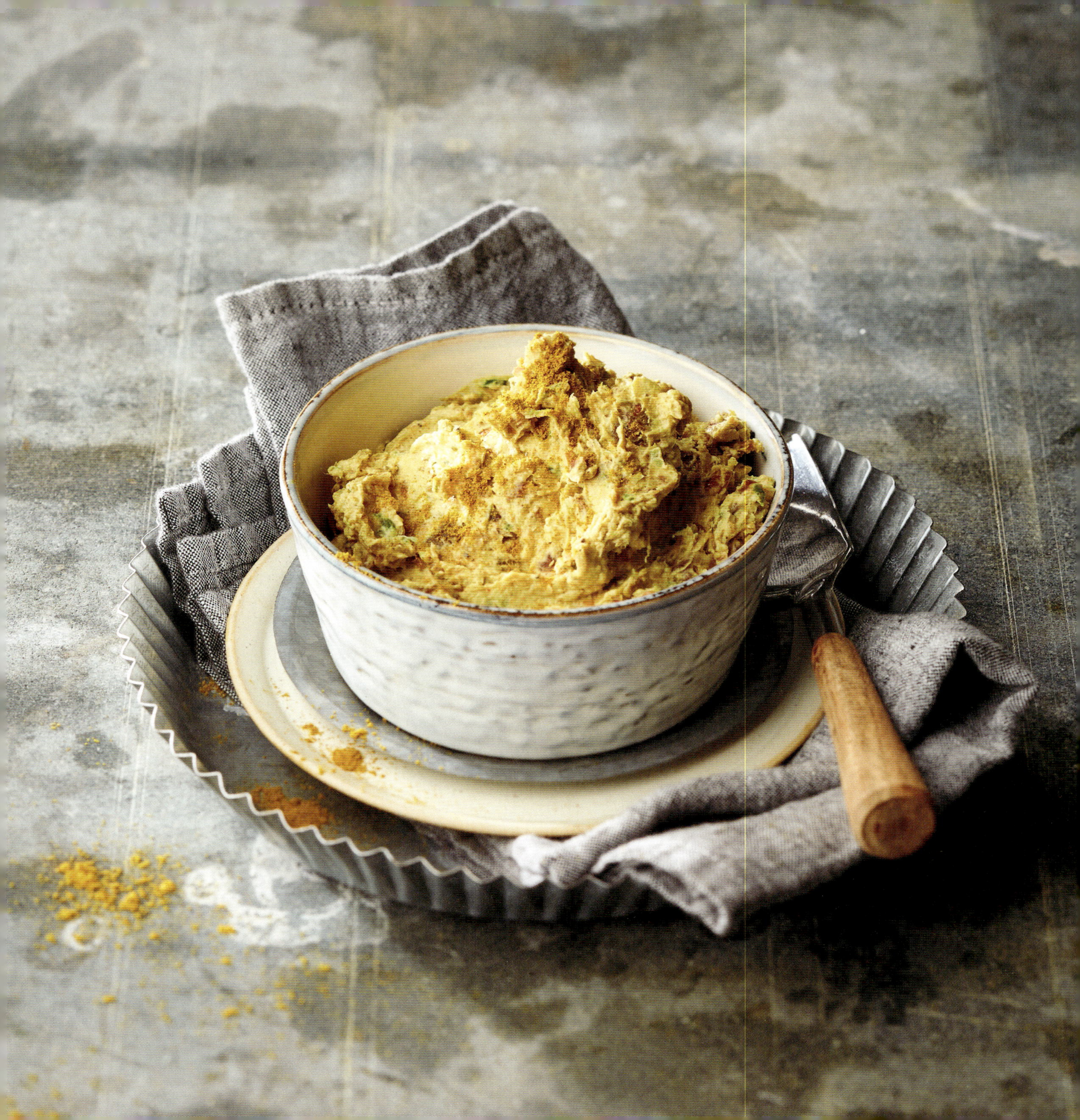

AUFSTRICHE, SAUCEN UND GETRÄNKE

Schinken-Käse-Aufstrich

🍴 4 Port. 👑 🕐 5 Min.

1 Knoblauchzehe, 40 g Bergkäse, 100 g magere Schinkenwürfel, 150 g Magerquark, 50 g Kochsahne (15 % Fett), 1 EL Frischkäse (5 % Fett), 1–2 EL gemischte Kräuter (z. B. Petersilie und Schnittlauch), Salz, Pfeffer

● Knoblauch schälen und Bergkäse in grobe Stücke schneiden. Beides im Mixtopf **6 Sek./Stufe 8** zerkleinern.
● Schinken, Quark, Kochsahne, Frischkäse, Kräuter und Gewürze hinzufügen und alles **10 Sek./Stufe 3** verrühren.

Nährwerte: 120 kcal, 2 g KH, 14 g E, 6 g F

Curry-Aprikosen-Aufstrich

🍴 4 Port. 👑 🕐 5 Min.

1 cm frischer Ingwer, 1–2 Lauchzwiebeln, 100 g Softaprikosen, 100 g Frischkäse (5 % Fett), 50 g Joghurt (1,5 % Fett), 2 TL Curry, ½ TL edelsüßes Paprikapulver, 1 Prise Cayennepfeffer, Salz, Pfeffer

● Ingwer schälen. Lauchzwiebeln waschen und putzen. Ingwer und Lauchzwiebeln in grobe Stücke schneiden und mit den Aprikosen im Mixtopf **10 Sek./Stufe 8** zerkleinern.
● Mit dem Spatel nach unten schieben. Frischkäse, Joghurt und Gewürze hinzufügen und **10 Sek./Stufe 4** verrühren. Mit Salz und Pfeffer abschmecken.

Nährwerte: 95 kcal, 14 g KH, 4 g E, 2 g F

Apfel-Quark-Aufstrich

🍴 4 Port. 👑 🕐 5 Min.

1 Apfel, 30 g Rosinen, 2 EL flüssiger Honig, 200 g Magerquark, 50 g Joghurt (1,5 % Fett), 1 Pck. Vanillezucker, 1 T Zitronensaft, ½ TL Zimt

● Apfel waschen, vierteln und das Kerngehäuse entfernen. Das Fruchtfleisch zusammen mit Rosinen im Mixtopf **5 Sek./Stufe 5** zerkleinern.
● Honig, Quark, Joghurt, Vanillezucker, Zitronensaft und Zimt hinzufügen und **10 Sek./Stufe 3** verrühren.

Nährwerte: 125 kcal, 21 g KH, 7 g E, 1 g F

◂ *Curry-Aprikosen-Aufstrich*

AUFSTRICHE, SAUCEN UND GETRÄNKE

Dattel-Orangen-Creme
4 Port. | 5 Min.

150 g Softdatteln, 1 Bio-Orange, 100 g Frischkäse (5 % Fett), 1 TL flüssiger Honig, ½ TL Lebkuchengewürz

● Datteln im Mixtopf **10 Sek./Stufe 5** zerkleinern. Mit dem Spatel nach unten schieben.
● Orangenschale abreiben und den Saft auspressen. Beides zusammen mit Frischkäse, Honig und Lebkuchengewürz in den Mixtopf geben und **20 Sek./Stufe 4** verrühren.

Nährwerte: 155 kcal, 29 KH, 3 E, 2 F

Zitronen-Pistazien-Creme
4 Port. | 5 Min.

1 Bio-Zitrone, 1 EL gehackte Pistazien, 100 g Frischkäse (5 % Fett), 100 g Joghurt (1,5 % Fett), 1 Pck. Vanillezucker, 1 EL Zucker, ½ TL Zimt

● Zitronenschale abreiben und 1 Zitronenhälfte auspressen.
● Zitronenschale und -saft mit Pistazien, Frischkäse, Joghurt, Vanillezucker, Zucker und Zimt im Mixtopf **30 Sek./Stufe 4** verrühren.

Nährwerte: 95 kcal, 11 g KH, 4 g E, 3 g F

Mandarinen-Vanille-Creme
4 Port. | 10 Min.

250 g Milch (1,5 % Fett), ½ Pck. Vanillepuddingpulver, 20 g Zucker, 1 Pck. Vanillezucker, 2–3 Mandarinen, 150 g Magerquark, 100 g Joghurt (1,5 % Fett)

● Milch, Puddingpulver, Zucker und Vanillezucker in den Mixtopf geben und **6 Min./100 Grad/Stufe 2** rühren und abkühlen lassen.
● Mandarinen schälen und in Stücke teilen. Zusammen mit Quark und Joghurt in den Mixtopf geben und **15 Sek./Stufe 5** verrühren.

Nährwerte: 140 kcal, 21 g KH, 8 g E, 2 g F

▶ *Zitronen-Pistazien-Creme*

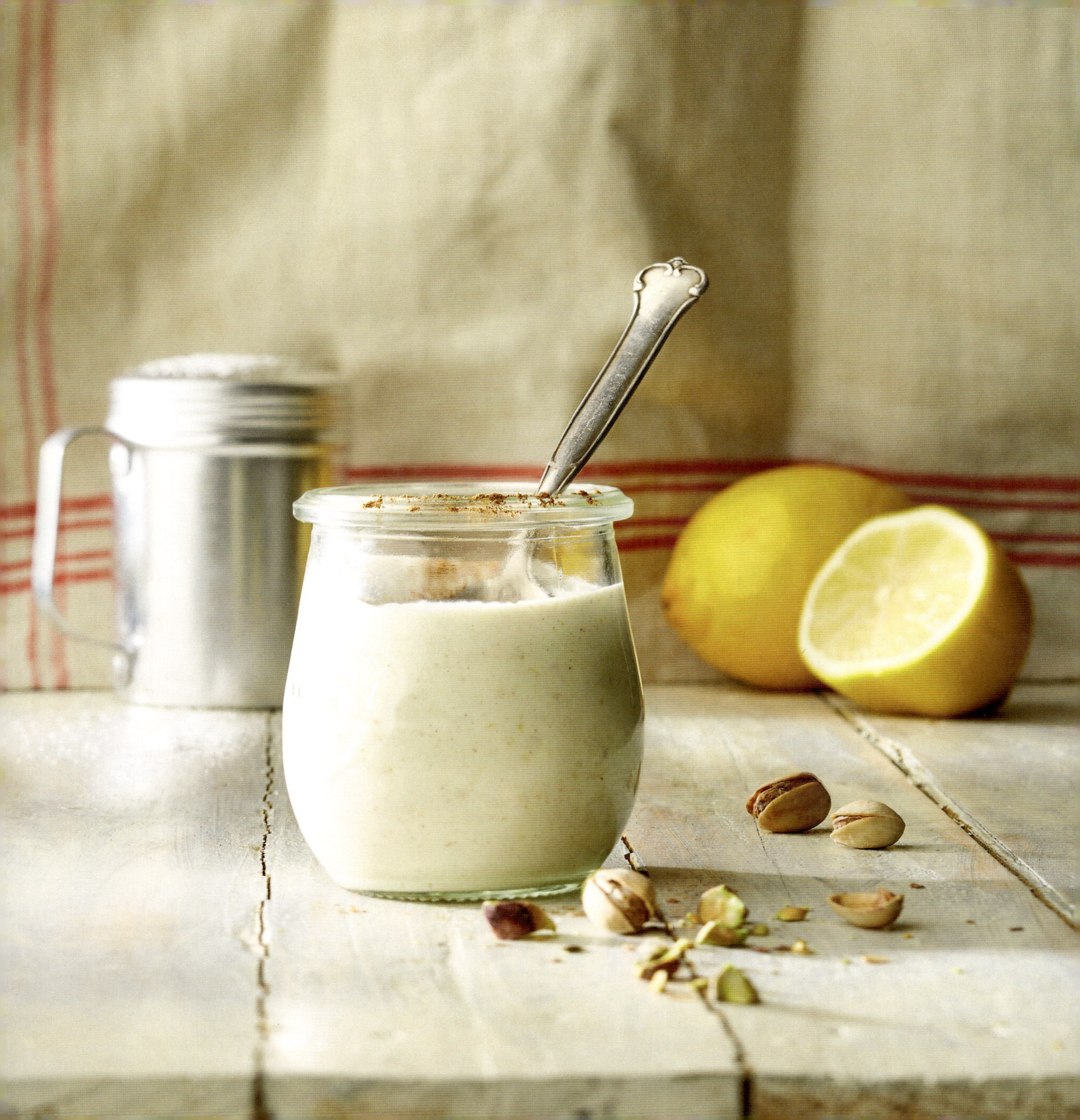

AUFSTRICHE, SAUCEN UND GETRÄNKE

Himbeer-Chia-Aufstrich

1 Glas (250 ml) | 2 Std. | 2 Std 5 Min.

250 g Himbeeren (frisch oder TK, aufgetaut), 15 g Chia-Samen, 2 EL Agavendicksaft oder flüssiger Honig

● Himbeeren verlesen und mit Chia-Samen und Agavendicksaft oder Honig in den Mixtopf geben. **3 Min./Stufe 4** verrühren.
● In ein Schraubglas füllen und mindestens 2 Stunden, besser über Nacht, fest werden lassen. Kühl lagern.

Variante: Anstelle der Himbeeren können Sie auch andere Beeren wie Erdbeeren oder Brombeeren verwenden.

Tipp: Um den Aufstrich länger haltbar zu machen, kochen Sie die Früchte und den Agavendicksaft **8 Min./100 Grad/Stufe 2** und lassen Sie sie auf 40 Grad abkühlen. Anschließend rühren Sie die Chia-Samen **8 Sek./Stufe 3** unter.

Nährwerte: 205 kcal, 28 g KH, 4 g E, 5 g F

Aprikosen-Orangen-Konfitüre

3 Gläser à 200 ml | 30 Min. | 12 Min.

2 Bio-Orangen, 250 g getrocknete Aprikosen, 100 g Maracujasaft, ½ Vanilleschote, 250 g Gelierzucker (2:1), ½ TL Zimt

● Schale von 1 Orange in den Mixtopf reiben. Beide Orangen auspressen.
● Aprikosen, 150 g des ausgepressten Orangensafts sowie den Maracujasaft im Mixtopf **10 Sek./Stufe 8** vermischen.
● Vanilleschote aufschlitzen und Mark auskratzen. Ausgekratztes Vanillemark, Gelierzucker und Zimt in den Mixtopf geben und **12 Min./100 Grad/Stufe 2** kochen.
● Anschließend alles **20 Sek./Stufe 8** mixen. Sofort in heiß ausgespülte, saubere Gläser füllen, mit Deckel verschließen und zum Abkühlen auf den Kopf stellen.

Variante: Geben Sie vor dem Mixen 1 EL Amaretto hinzu.

Nährwerte: 390 kcal, 92 g KH, 1 g E, 0 g F

Erdbeer-Feigen-Konfitüre

5 Gläser à 200 ml | 14 Min. | 30 Min.

600 g Erdbeeren, 300 g Feigen, 300 g Gelierzucker (3:1), 1 Pck. Zitronensäure

● Erdbeeren waschen und die Blütenansätze entfernen. Feigen waschen. Erdbeeren und Feigen mit Gelierzucker und Zitronensäure in den Mixtopf geben und **10 Sek./Stufe 8** zerkleinern.
● Anschließend **14 Min./100 Grad/Stufe 1** köcheln. Die Konfitüre sollte mind. 3 Min. sprudelnd kochen.
● Wenn gewünscht, anschließend nochmals **10 Sek./Stufe 8** pürieren. In saubere, heiß ausgespülte Gläser füllen. Mit den Deckeln verschließen und zum Auskühlen auf den Kopf stellen.

Nährwerte: 315 kcal, 73 g KH, 2 g E, 0 g F

▶ *Erdbeer-Feigen-Konfitüre*

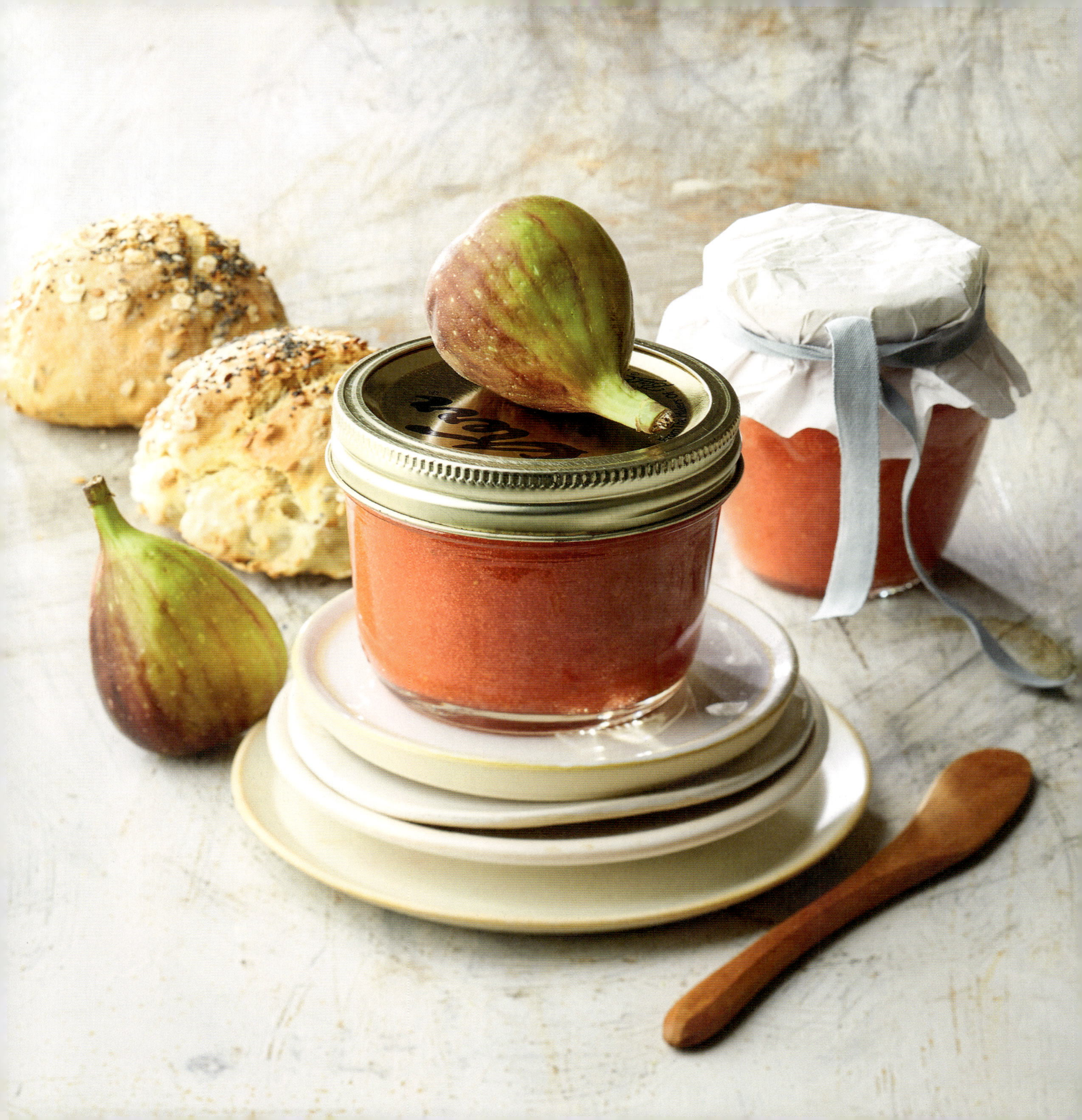

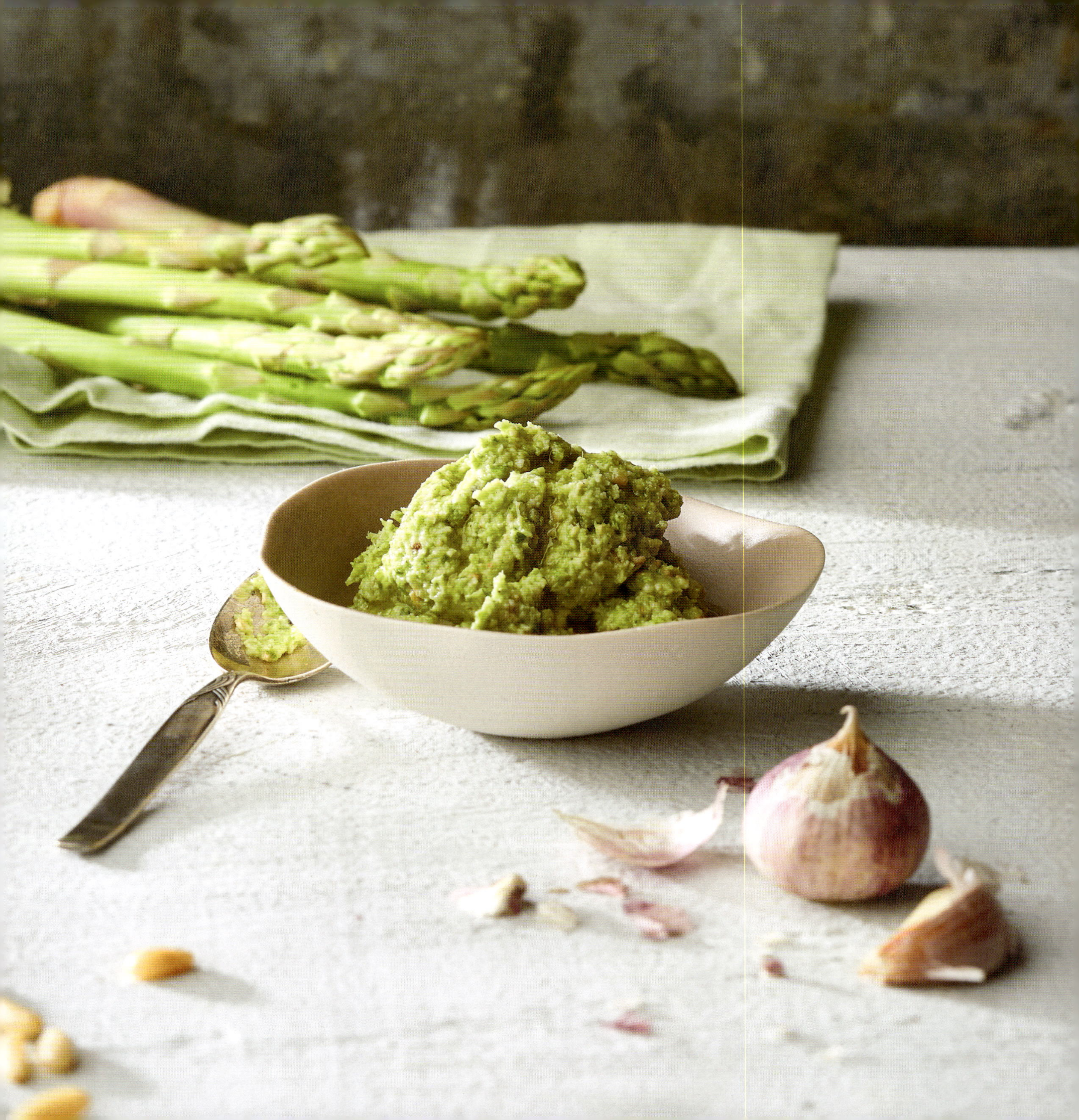

AUFSTRICHE, SAUCEN UND GETRÄNKE

Kürbispesto

1 Glas (250 ml) | 35 Min. | 20 Min.

400 g Hokkaidokürbis, 2 Knoblauchzehen, 30 g Mandeln, 20 g Kürbiskerne, 30 g Parmesan, 50 g Olivenöl, 1–2 Prisen Cayennepfeffer, Salz, Pfeffer

● Backofen auf 220 Grad Ober-/Unterhitze vorheizen. Ein Backblech mit Backpapier belegen.
● Kürbis schälen und die Kerne entfernen. Fruchtfleisch in Würfel schneiden. Knoblauch schälen, durchpressen und mit Kürbis und 1 EL Öl in einer Schüssel vermischen.
● Die Masse auf dem Backblech verteilen und ca. 20 Min. im heißen Backofen garen. Etwas abkühlen lassen.
● Kürbis und Knoblauch mit den restlichen Zutaten in den Mixtopf geben und **10 Sek./Stufe 9** mixen. Anschließend mit Salz und Pfeffer abschmecken.

Nährwerte: 845 kcal, 42 g KH, 21 g E, 65 g F

Rotes Pesto all'arrabiata

1 Glas (150 ml) | 10 Min.

50 g Pinienkerne, 30 g Parmesan, 150 g getrocknete Tomaten, 1 Knoblauchzehe, 1–2 rote Chilischoten, 15 g Olivenöl, Salz, Pfeffer

● Pinienkerne in einer beschichteten Pfanne ohne Fett goldbraun rösten.
● Parmesan in grobe Stücke schneiden. Getrocknete Tomaten halbieren, Knoblauch schälen. Chilischoten waschen, halbieren und die Kerne entfernen.
● Pinienkerne, Parmesan, Tomaten, Knoblauch, Chili, Öl, Chili, Salz und Pfeffer in den Mixtopf geben und alles **10 Sek./Stufe 10** mixen.

Nährwerte: 650 kcal, 18 g KH, 28 g E, 52 g F

Grünes Spargelpesto

1 Glas (250 ml) | 10 Min.

30 g Pinienkerne, 30 g Parmesan, 300 g grüner Spargel, ½ Bund glatte Petersilie, 1–2 Knoblauchzehen, 40 ml Olivenöl, 1 TL Salz, Pfeffer

● Pinienkerne in einer beschichteten Pfanne ohne Fett rösten. Parmesan in grobe Stücke schneiden und im Mixtopf **8 Sek./Stufe 10** reiben. Spargel waschen und das untere Drittel schälen. Petersilie waschen und trocken schütteln. Die Blättchen abzupfen.
● Alle Zutaten in den Mixtopf geben und alles **30 Sek./Stufe 8** verrühren. Mit dem Spatel nach unten schieben und nochmals **30 Sek./Stufe 8** verrühren.

Nährwerte: 620 kcal, 9 g KH, 20 g E, 55 g F

◄ *Grünes Spargelpesto*

AUFSTRICHE, SAUCEN UND GETRÄNKE

Gemüsesauce »Allerlei«

4 Port. | 30 Min. | 10 Min.

40 g Bergkäse, 1 Zwiebel, 1 Knoblauchzehe, 10 g Olivenöl, 350 g Tomaten, 1 Möhre, 50 g Knollensellerie, 1 gelbe Paprikaschote, 100 g Champignons, 100 g Zucchini, 40 g trockener Rotwein, 20 g Tomatenmark, 1 EL Gemüsebrühe, 1 EL Oregano, 1 TL Thymian, Salz, Pfeffer

● Käse grob schneiden, im Mixtopf **5 Sek./Stufe 8** zerkleinern und in eine Schüssel umfüllen.
● Zwiebel und Knoblauch schälen, Zwiebel vierteln. Beides im Mixtopf **5 Sek./Stufe 5** zerkleinern. Mit dem Spatel nach unten schieben. Öl hinzufügen und **3 Min./120 Grad/Stufe 1** dünsten.
● Tomaten waschen und die Stielansätze entfernen. Möhre und Sellerie schälen, Paprika waschen und entkernen. Champignons und Zucchini waschen. Gemüse bei Bedarf in grobe Stücke schneiden und in den Mixtopf geben. Alles **10 Sek./Stufe 6** mit Hilfe des Spatels zerkleinern.
● Dann auch Rotwein, Tomatenmark, Gemüsebrühe und Gewürze hinzugeben und **10 Min./100 Grad/Stufe 1** garen. Anschließend **30 Sek./Stufe 8** pürieren.
● Zum Schluss Bergkäse hinzugeben und **10 Sek./Stufe 4** unterrühren.

Nährwerte: 170 kcal, 12 g KH, 10 g E, 7 g F

Currysauce

2 Port. | 15 Min.

3 Softaprikosen, 25 g Tomatenmark, 15 g brauner Zucker, 2 EL Curry, 150 g Hühnerbrühe, 2 Prisen edelsüßes Paprikapulver, 1 Prise Cayennepfeffer, 70 g Kochsahne (15% Fett), Salz

● Softaprikosen im Mixtopf **8 Sek./Stufe 8** zerkleinern. Mit dem Spatel nach unten schieben.
● Tomatenmark und Zucker hinzufügen und **3 Min./120 Grad/Stufe 2** dünsten. Dann auch Curry hinzugeben und nochmals **1 Min./120 Grad/Stufe 2** dünsten.
● Hühnerbrühe, Paprikapulver und Cayennepfeffer hinzufügen und **5 Min./100 Grad/Stufe 2** ohne Messbecher kochen, evtl. das Garkörbchen als Spritzschutz auf den Deckel stellen.
● Zum Schluss Kochsahne hinzugeben und **1 Min./Stufe 4–6–8** stufenweise pürieren. Mit Salz abschmecken.

Das passt dazu: Gebratenes Geflügel.

Nährwerte: 90 kcal, 16 g KH, 1 g E, 2 g F

▶ *Gemüsesauce »Allerlei«*

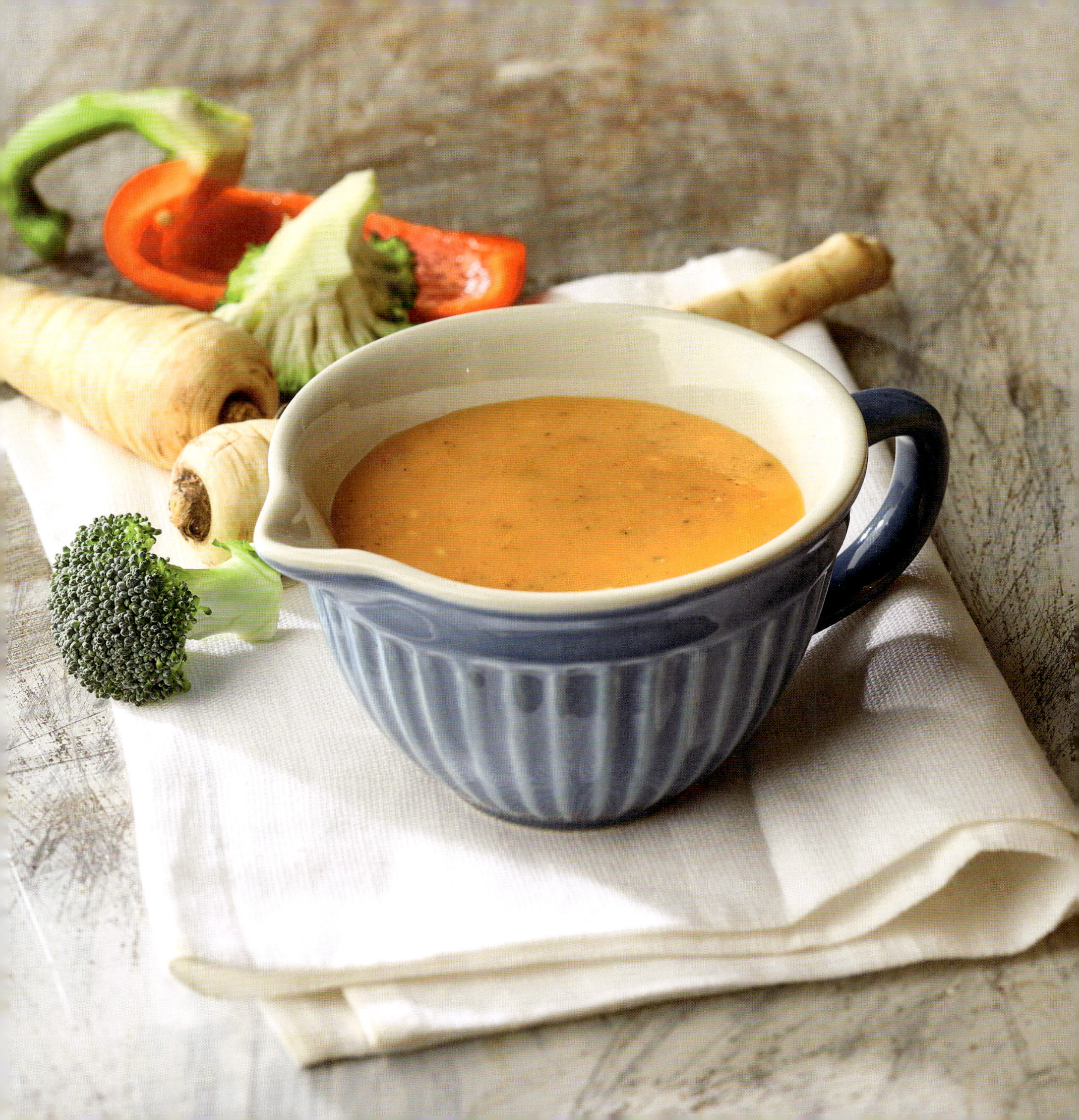

Tomatensauce

🍴🍴🍴🍴 4 Port. 👑 🕐 30 Min. 💚 10 Min.

1 Zwiebel, 1 Knoblauchzehe, 70 g Möhre, 30 g Knollensellerie, 15 g Olivenöl, 15 g Balsamessig, 20 g Zucker, 1 Dose stückige Tomaten (400 g), 20 g Tomatenmark, 1 TL gekörnte Gemüsebrühe oder Gemüsepaste (Seite 36), 2 TL italienische Kräuter, 2–3 TL gehacktes Basilikum, Salz, Pfeffer

- Zwiebel und Knoblauch schälen, Zwiebel vierteln. Möhre und Sellerie schälen und in kleine Stücke schneiden. Alles im Mixtopf **10 Sek./Stufe 5** zerkleinern. Mit dem Spatel nach unten schieben. Öl hinzufügen und **3 Min./120 Grad/Stufe 1** dünsten.
- Balsamessig und Zucker hinzugeben und **2 Min./120 Grad/Stufe 1** ohne Messbecher dünsten.
- Dann auch Tomaten, Tomatenmark, Gemüsebrühe und italienische Kräuter zugeben und **10 Min./100 Grad/Stufe 1** kochen.
- Anschließend **1 Min./Stufe 4–6–8** stufenweise pürieren. Basilikum kurz unterrühren und mit Salz und Pfeffer abschmecken.

Nährwerte: 95 kcal, 10 g KH, 1 g E, 4 g F

Ketchup

🍴🍴🍴🍴 1 Flasche (500 ml) 👑 🕐 45 Min. 💚 30 Min.

500 g reife Tomaten oder 1 Dose Tomaten (400 g), 100 g rote Paprikaschote, 1 säuerlicher Apfel (z. B. Boskop), 70 g Zwiebeln, 1 Knoblauchzehe, 30 g Apfelessig, 50 g flüssiger Honig, 30 g Tomatenmark, ½ TL Paprikapulver, ½ EL Curry, 1 TL Salz

- Frische Tomaten waschen, Stielansätze entfernen und die Früchte vierteln. Paprika waschen, entkernen und in Stücke schneiden. Apfel waschen, vierteln und das Kerngehäuse entfernen. Zwiebeln und Knoblauch schälen und in grobe Stücke schneiden. Tomaten, Paprika, Apfel, Zwiebeln und Knoblauch im Mixtopf mit Hilfe des Spatels **6 Sek./Stufe 7** zerkleinern.
- Essig, Honig, Tomatenmark und Gewürze hinzugeben und **15 Min./100 Grad/Stufe 2** ohne Messbecher garen, dabei das Garkörbchen als Spritzschutz auf den Deckel stellen.
- Den Messbecher einsetzen und nochmals **15 Min./Varoma/Stufe 1** garen. Anschließend **1 Min./Stufe 4–6–8** stufenweise pürieren.
- Ketchup in eine Flasche füllen und kühl aufbewahren.

Nährwerte: 410 kcal, 76 g KH, 8 g E, 3 g F

▶ *Ketchup*

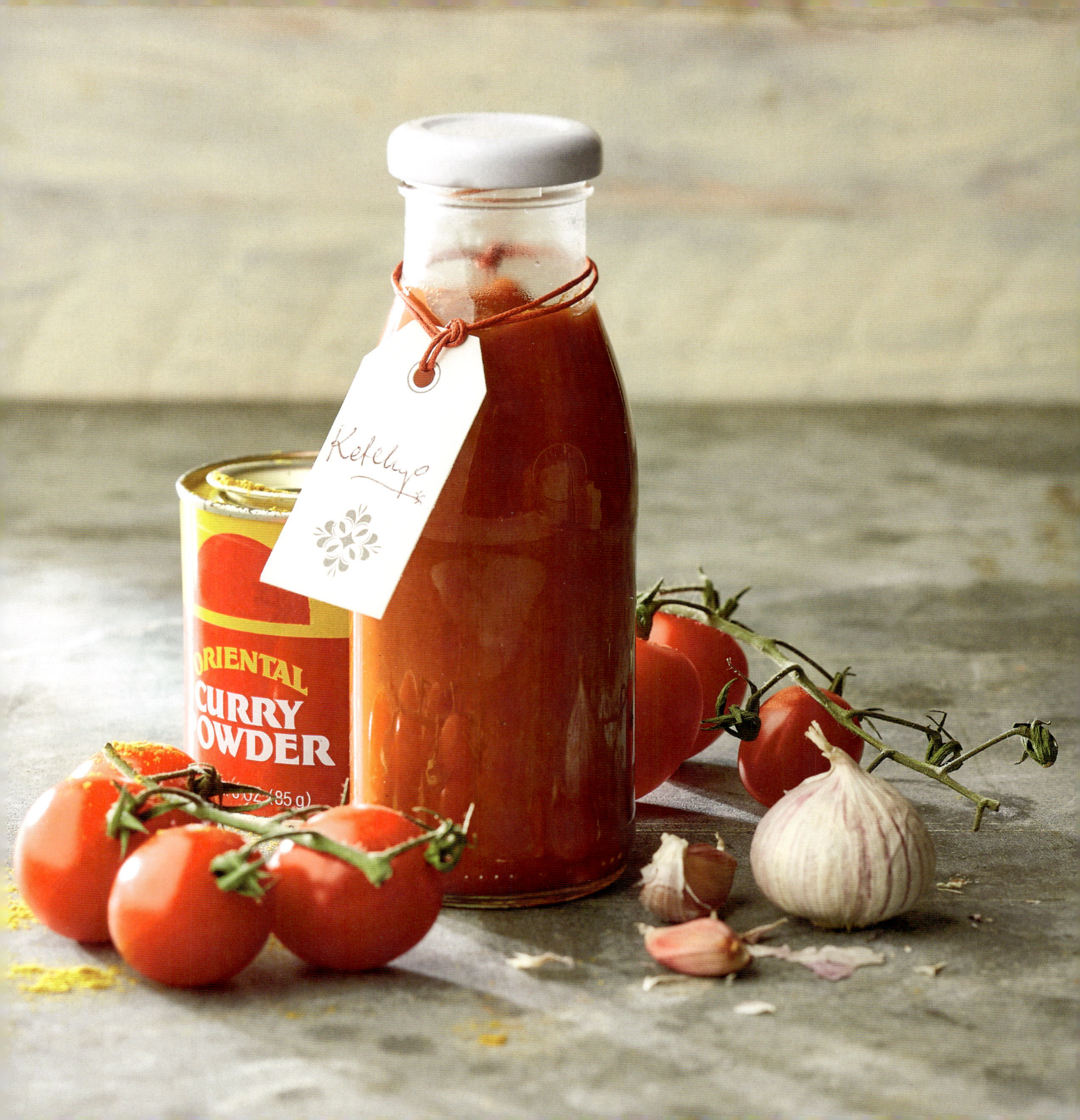
Ketchup
ORIENTAL
CURRY
OWDER
(85 g)

Essen im Büro

DIE VERSUCHUNG, IM JOB UNGESUNDES ODER KALORIENREICHES ZU SICH ZU NEHMEN, IST BESONDERS GROSS. SO GEHEN SIE AM BESTEN DAMIT UM.

Keine Frage: Zu Hause ist es am einfachsten, sich an seinen Ernährungsplan zu halten. Schon beim Einkauf können wir darauf achten, was im Einkaufskorb landet. Beim Kochen wissen wir genau, was und wie viel davon in unserem Essen steckt. Bei der Arbeit aber lauern überall Versuchungen, denen wir widerstehen müssen.

Natürlich wollen wir uns aber auch als Berufstätiger gesund ernähren. Ein Teilchen vom Bäcker oder ein schneller Burger bringen rasant die Kalorienbilanz durcheinander. Hier gilt am besten die Devise: »selbst ist der Mann bzw. die Frau«. Mit dem Thermomix an Ihrer Seite ist das kein Problem. Kochen Sie einfach die doppelte Portion und nehmen Sie die Hälfte mit ins Büro. Eine Mikrowelle zum Aufwärmen findet sich oftmals auch in der kleinsten Teeküche.

In der Kantine Wenn Sie den Gang in die Kantine bevorzugen, sollten Sie den Wochenplan im Voraus studieren und immer dann, wenn besonders fettreiches Essen auf dem Plan steht, eine Auszeit einlegen. Bringen Sie sich an diesen Tagen etwas von zu Hause mit. Oder fragen Sie nach einer größeren Portion Gemüse oder Salat zu Ungunsten von Reis, Nudeln oder Kartoffeln. Gibt es Paniertes, Frittiertes oder Graniertes – Finger weg! Auch bei Saucen ist Vorsicht geboten, hier lauern oft versteckte Fette. Nehmen Sie weniger davon oder verzichten Sie ganz darauf. Greifen Sie beim Salatbüffet zu, beachten Sie aber, dass viele Fertigdressings eine große Menge Fett enthalten. Verwenden Sie Essig und Öl, aber achten Sie auch hier auf die Menge. Bringen Sie sich ein Vollkornbrötchen, -brot oder ein gebratenes Hähnchenbrustfilet von zu Hause mit, das Sie zum Salat essen können. Wenn Sie Nachtisch möchten, sollten Sie zu frischem Obst greifen. Und: Trinken Sie immer genügend Mineralwasser vor und zum Essen.

Das Nachmittagstief überwinden Jetzt haben Sie die Hälfte des Arbeitstages geschafft. Doch was tun, wenn das Nachmittagstief kommt? Die Konzentration lässt nach und der kleine Hunger meldet sich. Lassen Sie den Schokoriegel in der Schublade – noch besser ist, Sie haben dort gar keinen! Jetzt ist wieder frisches Obst genau das Richtige. Es gibt Ihnen Energie und Nährstoffe und hilft aus dem Tief. Ein kleiner Naturjoghurt mit etwas Müsli (Seite 29) oder eine Handvoll Nüsse helfen ebenso. Wenn Sie nicht auf Schokolade verzichten können, wählen Sie eine Sorte mit mindestens 70% Kakaoanteil und lassen Sie den Riegel genussvoll im Mund zergehen.

Einladungen Was machen Sie, wenn ein Kollege zu Kaffee und Kuchen einlädt? Sie müssen nicht darauf verzichten. Achten Sie auf die Menge, ein kleines Stück Kuchen reicht auch aus. Bevorzugen Sie Kuchensorten mit viel Obst als Alternative zu Sahnetorten und Co. Ansonsten teilen Sie sich ein Stück mit einer Kollegin oder lassen Sie an diesem Tag ihr Abendessen kleiner oder ganz ausfallen.

Apfelringe

Getrocknete Apfelringe sind ein gesunder Snack fürs Büro. Dafür Apfelscheiben mit Zitronensaft beträufeln und bei 50 Grad Umluft mind. 4 Std. im Backofen trocknen lassen.

A SMOOTHIE A DAY

Ein Smoothie kann eine ganze Mahlzeit ersetzen. Durch die Zugabe von Getreideflocken und etwas Leinöl erhöhen Sie das Sättigungsgefühl. Wichtig ist, ihn langsam zu trinken und dabei zu »kauen«.

To Go

BAUEN SIE SO VIEL BEWEGUNG IN DEN BERUFSALLTAG EIN WIE MÖGLICH! WENN ES GEHT, STEIGEN SIE EINE STATION FRÜHER AUS DER BAHN UND LAUFEN DEN REST ZUR ARBEIT. VERZICHTEN SIE AUF DEN AUFZUG UND LASSEN KEINE TREPPE AUS. EIN SPAZIERGANG NACH DEM MITTAGESSEN BRINGT SIE WIEDER AUF TRAB UND BAUT ZUSÄTZLICH STRESS AB.

Für den Notfall

Das Stück Schokolade für den »Notfall« deponieren Sie am besten bei Ihrem Kollegen oder Ihrer Kollegin. Es fällt viel schwerer, diese darum zu bitten, als schnell mal in die eigene Schublade zu greifen.

SALAT SATT

ESSEN SIE STATT BURGER UND POMMES EINEN SALAT. DIE MEISTEN GRÖSSEREN SUPERMÄRKTE BIETEN SALATTHEKEN AN. VIELE ASIATISCHE GERICHTE SIND AUCH EINE GUTE ALTERNATIVE.

Süßer Kaffee?

Auf Zucker im Kaffee sollten Sie verzichten. 1 Teelöffel hat knapp 20 kcal. Über den Tag verteilt und je nach Kaffeekonsum kann da einiges zusammenkommen. Also zum Wachhalten im Nachmittagstief lieber ein paar Kniebeugen machen, statt noch eine Tasse Kaffee zu trinken.

Currywurst!

MIT POMMES STEHT IN DER LISTE DER BELIEBTESTEN KANTINENESSEN REGELMÄSSIG GANZ OBEN. GEFOLGT VON SPAGHETTI BOLOGNESE, JÄGERSCHNITZEL UND PIZZA. ALLES LEIDER KEINE FIGURSCHMEICHLER.

60 kcal in 5 Minuten

Soviel verbraucht man beim Treppensteigen. Regelmäßig die Treppe benutzen senkt nachweislich Blutdruck, Cholesterin und Gewicht.

Nie ohne

Wer kennt sie nicht, die allgegenwärtige Konferenzkeksmischung, die bei keiner Besprechung fehlen darf? Bei langweiligen Meetings ist die Gefahr besonders groß, sich mit den süßen Knabbereien bei Laune zu halten. Aber greifen Sie hier seltener zu, denn die üblichen Keksmischungen sparen nicht an Fett und Zucker. Lieber noch ein Gläschen Wasser trinken und bei Gelegenheit mit dem Chef über gesündere Alternativen wie einen Obstteller sprechen.

Frankfurter Grüne Sauce

🍴 4 Port. · 👑 · 🕐 25 Min. · 💚 14 Min.

4 Eier, 100 g Crème fraîche légère (15% Fett), 100 g Joghurt (1,5% Fett), 1 TL Senf, 1 TL Zitronensaft plus etwas zum Abschmecken, 1 TL flüssiger Honig, 10 g Rapsöl, Salz, Pfeffer, ½ Bund Kräuter für Grüne Sauce

● Eier in den Gareinsatz legen, 500 g Wasser in den Mixtopf einfüllen und **14 Min./Varoma/Stufe 1** garen. Danach Eier abschrecken, abkühlen lassen, pellen und halbieren. Eigelbe aus den Eiweißen lösen. Den Topf leeren.
● Eigelbe zusammen mit Crème fraîche légère, Joghurt, Senf, Zitronensaft, Honig, Öl, Salz und Pfeffer im Mixtopf **8 Sek./Stufe 5** verrühren.
● Kräuter waschen, trocken schütteln, 2–3-mal durchschneiden und in den Mixtopf geben. **15 Sek./Stufe 6** rühren.
● Eiweiß fein würfeln, ebenfalls in den Mixtopf geben und **6 Sek./Stufe 3/Linkslauf** unterrühren. Mit Salz, Pfeffer und Zitronensaft abschmecken.

Nährwerte: 175 kcal, 6 g KH, 8 g E, 12 g F

Pilzsauce

🍴 2 Pers. · 👑 · 🕐 25 Min. · 💚 14 Min.

100 g Champignons, 2 Schalotten, 1 Knoblauchzehe, 10 g Butter, 1 TL Rapsöl, 35 g trockener Weißwein, 80 g Crème fraîche légère (15% Fett), 50 g Kochsahne (15% Fett), 10 g Senf, 1 EL Worcestershiresauce, ½ EL Mehl, Salz, Pfeffer

● Champignons waschen, in feine Scheiben schneiden und zur Seite stellen. Schalotten und Knoblauch schälen, Schalotten halbieren. Schalotten und Knoblauch im Mixtopf **5 Sek./Stufe 5** zerkleinern. Mit dem Spatel nach unten schieben.
● Butter und Öl hinzufügen und **3 Min./120 Grad/Stufe 1** dünsten. Weißwein zugeben und **2 Min./Varoma/Stufe 1** rühren.
● Dann auch die Champignons in den Mixtopf geben und **4 Min./Varoma/Sanftrührstufe/Linkslauf** garen. Crème fraîche légère, Kochsahne, Senf, Worcestershiresauce, Mehl, Salz und Pfeffer hinzufügen und **10 Min./Varoma/Sanftrührstufe/Linkslauf** garen. Abschmecken.

Nährwerte: 195 kcal, 9 g KH, 4 g E. 14 g F

Spinatsauce

4 Port. — **15 Min.**

500 g TK-Spinat, 1 Zwiebel, 1 Knoblauchzehe, 250 g Kokosmilch (6% Fett), geriebene Muskatnuss, Salz, Pfeffer

● Spinat auftauen lassen. Zwiebel und Knoblauch schälen, Zwiebel vierteln. Zwiebel und Knoblauch im Mixtopf **5 Sek./Stufe 5** zerkleinern. Öl hinzugeben und **3 Min./120 Grad/Stufe 1** dünsten.
● Aufgetauten Spinat hinzufügen und nochmals **3 Min./120 Grad/Stufe 1** dünsten.
● Dann Kokosmilch und Gewürze hinzugeben und **3 Min./Varoma/Stufe 2** rühren. Mit Salz und Pfeffer abschmecken.

Das passt dazu: Pasta oder Pellkartoffeln.

Nährwerte: 70 kcal, 3 g KH, 5 g E, 4 g F

Himbeer-Dressing

4 Port. — **10 Min.**

150 g TK-Himbeeren, 60 g Balsamessig, 40 g Rapsöl, 1 TL Senf, 1 TL flüssiger Honig oder Agavendicksaft, etwas abgeriebene Schale von 1 Bio-Orange, Salz, Pfeffer

● Himbeeren im Mixtopf **6 Sek./Stufe 10** zerkleinern und mit dem Spatel nach unten schieben. Anschließend **4 Min./60 Grad/Stufe 2** erhitzen.
● Balsamessig, Öl, Senf, Honig oder Agavendicksaft, Orangenschale, Salz und Pfeffer hinzufügen und **1 Min./Stufe 4** verrühren.

Das passt dazu: Rucola- oder Feldsalat.

Tipp: Wer die kleinen Kernchen der Himberen nicht in der Sauce haben möchte, streicht die Sauce anschließend durch ein Sieb.

Nährwerte: 125 kcal, 6 g KH, 1 g E, 10 g F

AUFSTRICHE, SAUCEN UND GETRÄNKE

Honig-Senf-Dressing

4 Port. | ♛ | 5 Min.

100 g saure Sahne, 100 g Joghurt (1,5 % Fett), 10 g Rapsöl, 20 g dunkler Balsamessig, 10 g weißer Balsamessig, 30 g Senf, 30 g Honig, 2 EL gehackte Kräuter (z. B. Dill, Kerbel und Petersilie), Salz, Pfeffer

- Alle Zutaten in den Mixtopf geben und **15 Sek./Stufe 5** verrühren.
- Über den Salat geben oder in eine Flasche abfüllen und kühl stellen.

Tipp: Achten Sie bei der Wahl des Essigs auf Qualität! Gerade bei Balsamico gibt es enorme Unterschiede. Ein Balsamico traditionale zum Beispiel wird noch aufwändig hergestellt und hat nichts mit den billigen Sorten aus dem Supermarkt zu tun. Er reift mindestens 12 Jahre in Fässern aus Eiche, Kastanie, Kirsche oder Maulbeere und entwickelt in dieser Zeit sein intensives Aroma und seine siruparige Konsistenz.

Nährwerte: 100 kcal, 10 g KH, 2 g E, 6 F

Tomaten-Vinaigrette

4 Port. | ♛ | 5 Min.

½ Bund Basilikum, 1 Schalotte, 200 g Tomaten, 1–2 Thymianzweige, 40 g Olivenöl, 2 EL weißer Balsamessig, 1 TL Zucker, Salz, Pfeffer

- Basilikum waschen, trocken schütteln und die Blätter abzupfen. Basilikumblätter im Mixtopf **3 Sek./Stufe 8** zerkleinern. Schalotte schälen, halbieren und im Mixtopf **5 Sek./Stufe 5** zerkleinern. Mit dem Spatel nach unten schieben.
- Tomaten waschen und die Stielansätze entfernen. Tomaten vierteln, entkernen, in den Mixtopf geben und **3 Sek./Stufe 5** zerkleinern. Mit dem Spatel nach unten schieben.
- Thymian waschen, trocken schütteln, die Blättchen abstreifen und zusammen mit den restlichen Zutaten in den Mixtopf geben. **1 Min./Stufe 4/Linkslauf** verrühren. Mit Salz und Pfeffer abschmecken.

Nährwerte: 140 kcal, 8 g KH, 3 g E, 11 g F

▸ *Tomaten-Vinaigrette*

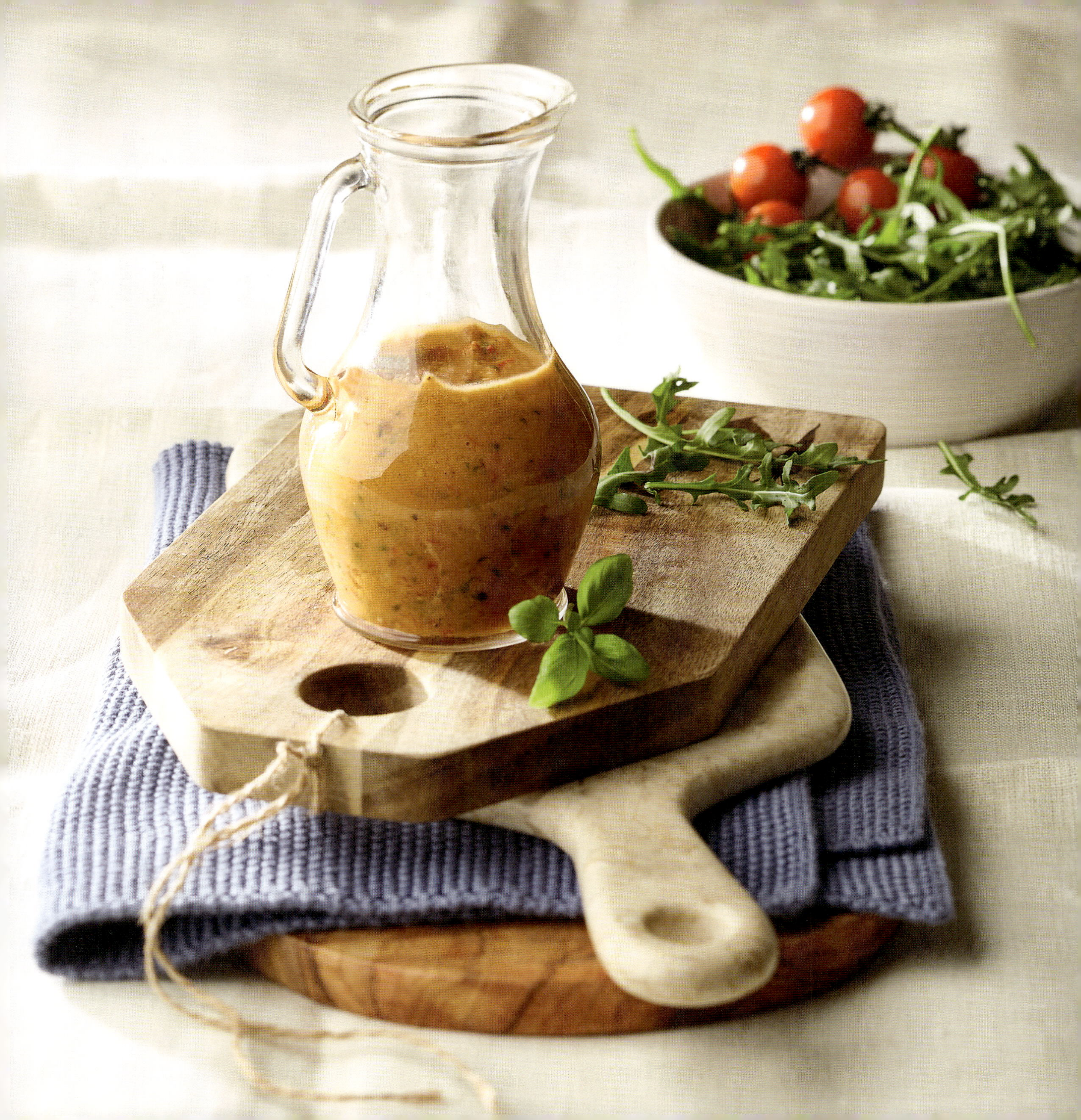

Gewürz-Chai

4 Port. | 15 Min.

1 cm frischer Ingwer, 1 Zimtstange, 1 Sternanis, 2 Nelken, 4–6 Kardamomkapseln oder 1 TL gemahlener Kardamom, 4 TL loser schwarze Tee, 500 g Milch (1,5 % Fett), Zimt zum Bestäuben

- Ingwer schälen, zusammen mit Gewürzen und Tee in einen Teebeutel geben und verschließen. 500 g Wasser und die Milch in den Mixtopf geben.
- Das Garkörbchen einsetzen, den Teebeutel hineingeben und in die Flüssigkeit drücken. Alles **9 Min./100 Grad/Stufe 4** erhitzen.
- Das Garkörbchen entnehmen und den Tee **20 Sek./Stufe 8** aufschäumen. In Gläser füllen und mit Zimt bestäuben.

Nährwerte: 60 kcal, 6 g KH, 4 g E, 2 g F

Matcha-Milch

2 Port. | 10 Min.

400 g Milch (1,5 % Fett), 2 TL Matchapulver (Grüntee-Pulver), 2 TL Vanillezucker

- Milch mit dem Matchapulver und dem Vanillezucker in den Mixtopf geben. **5 Min./80 Grad/Stufe 3** erhitzen.
- Anschließend **20 Sek./Stufe 8** aufschäumen.

Variante: Anstelle der Kuhmilch können Sie auch Hafer- oder Mandeldrink verwenden.

Tipp: Matcha ist ein zu feinstem Pulver vermahlener Grüntee. Er hat ein intensive grüne Farbe und einen lieblich bis feinherben Geschmack. Er ist sehr vielseitig und kann in der Küche auch zum Kochen oder Backen verwendet werden.

Nährwerte: 125 kcal, 16 g KH, 7 g E, 3 g F

▶ *Gewürz-Chai*

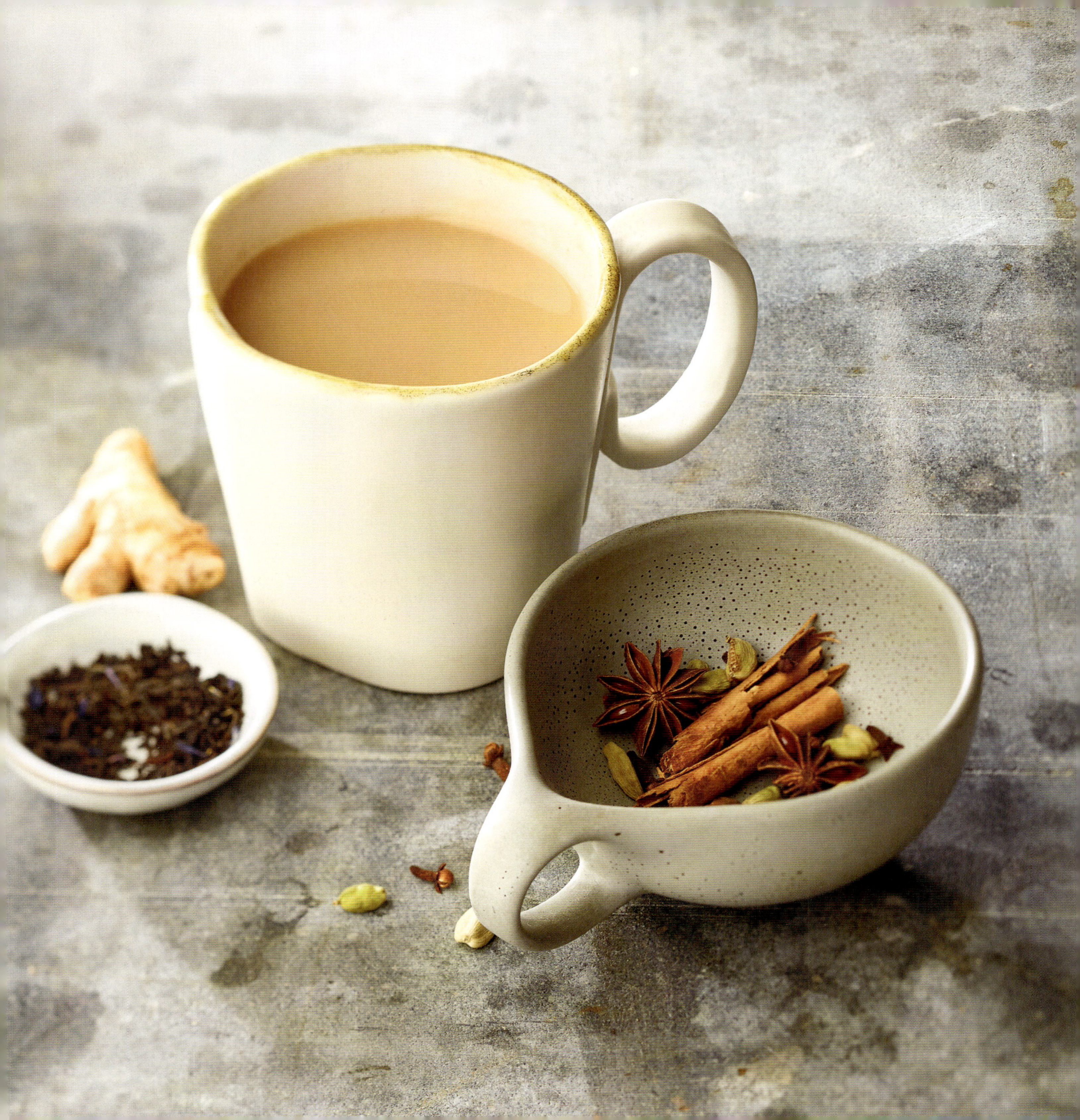

Vanillesauce

4 Port. · 10 Min.

½ Vanilleschote, 250 g Milch (1,5 % Fett),
3 Eigelb, 1 Prise Salz, 40 g Zucker

- Den Rühraufsatz einsetzen. Vanilleschote längs aufschlitzen und Mark auskratzen.
- Vanillemark mit der Schote sowie mit Milch, Eigelben, Salz und Zucker in den Mixtopf geben und alles **5 Min./80 Grad/Stufe 2/ Linkslauf** erhitzen.
- Vor dem Servieren die Vanilleschote entfernen.

Nährwerte: 120 kcal, 13 g KH, 5 g E, 6 g F

Schokoladensauce

4 Port. · 10 Min.

25 g Zartbitterschokolade (70 % Kakaogehalt),
200 g Milch (1,5 % Fett), 1 TL Speisestärke,
1–2 TL Kakaopulver, 1 TL Zucker

- Schokolade im Mixtopf **10 Sek./Stufe 8** zerkleinern. Mit dem Spatel nach unten schieben.
- Den Rühraufsatz einsetzen. Milch, Speisestärke, Kakao und Zucker zu der Schokolade in den Mixtopf geben und alles **7 Min./100 Grad/Stufe 2–3** erhitzen.
- Die Sauce warm oder kalt servieren.

Nährwerte: 75 kcal, 7 g KH, 2 g E, 4 g F

Erdbeersauce

4 Port. · 10 Min.

50 g Zucker, 300 g Erdbeeren, ½ Vanilleschote,
2 EL Zitronensaft

- Zucker im Mixtopf **10 Sek./Stufe 10** pulverisieren. Erdbeeren waschen, Blütenansätze entfernen und große Früchte halbieren. Zu dem Zucker geben und **15 Sek./Stufe 8** pürieren.
- Vanilleschote längs aufschlitzen und Mark auskratzen. Vanillemark und Zitronensaft in den Mixtopf geben und **5 Min./100 Grad/ Stufe 3** kochen.
- Die Sauce warm oder kalt servieren.

Nährwerte: 80 kcal, 17 g KH, 1 g E, 0 g F

▸ *Erdbeersauce*

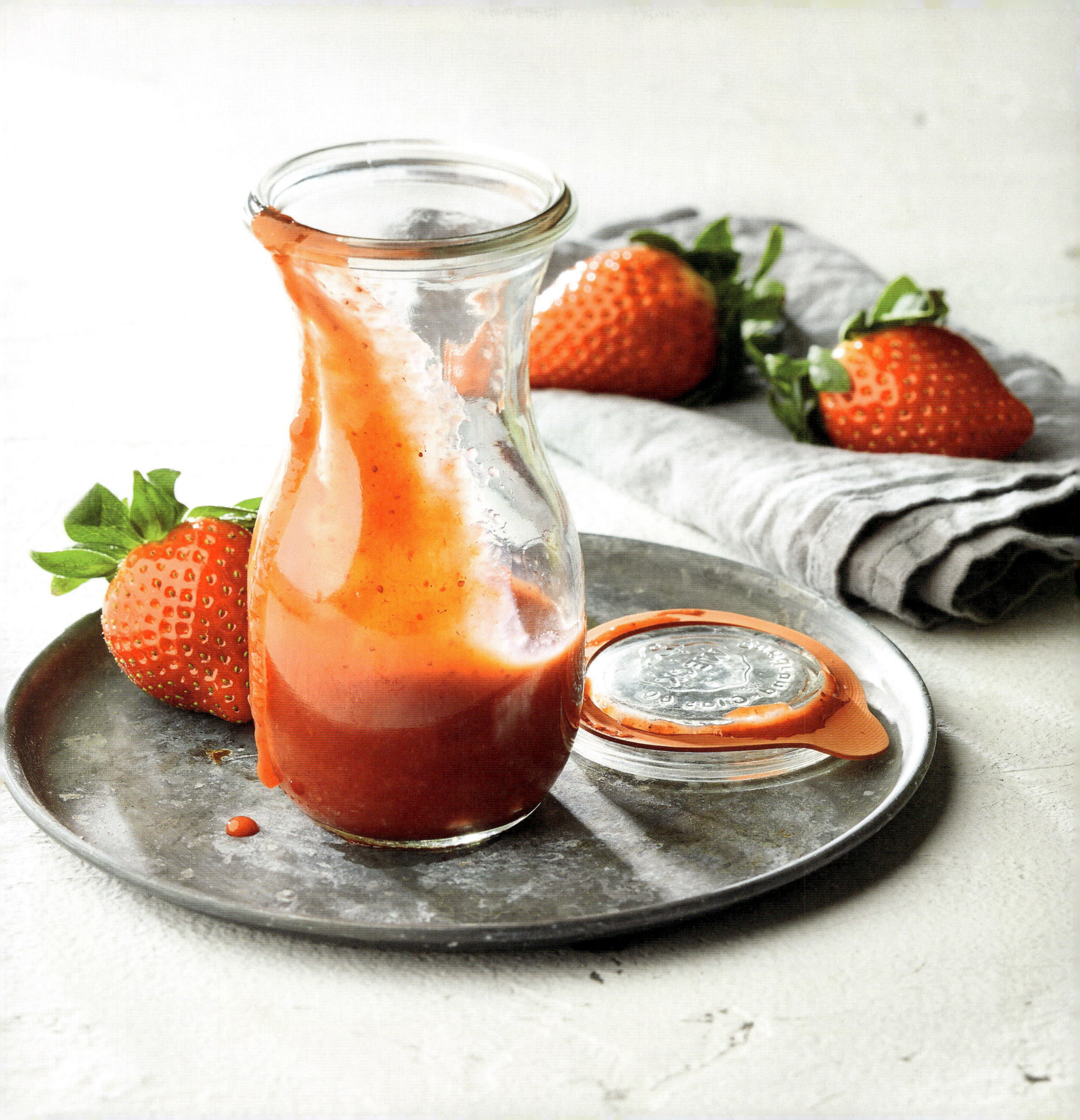

Wassermelonen-Slushie

🥛 2 Port. 👑 🕐 5 Min.

½ Bio-Zitrone, 30 g Zucker, 3–4 Minzeblättchen, 400 g Wassermelone, 300 g Eiswürfel

- Zitronenschale abreiben. Zucker im Mixtopf **10 Sek./Stufe 10** pulverisieren.
- Minzeblättchen waschen und trocken schütteln. Das Fruchtfleisch der Wassermelone von der Schale schneiden und die Kerne entfernen. Wassermelone in grobe Stücke schneiden und mit Zitronenschale, Minze und Eiswürfeln in den Mixtopf geben. **50 Sek./Stufe 8** zerkleinern.
- In Gläser füllen und sofort servieren.

Tipp: Hier können Sie nach Herzenslust variieren und den Slushie mit Ihren Lieblingsfrüchten herstellen.

Nährwerte: 135 kcal, 31 g KH, 2 g E, 0 g F

Eiskaffee

🥛 4 Port. 👑 🕐 5 Min.

3 EL löslicher Kaffee, 40 g Zucker, 1 EL Vanillezucker, 250 g Eiswürfel, 500 g Milch (1,5% Fett)

- Kaffeepulver, Zucker und Vanillezucker im Mixtopf **10 Sek./Stufe 10** pulverisieren. Die Eiswürfel hinzugeben und **20 Sek./Stufe 10** zerkleinern.
- Dann auch die Milch hinzufügen und **20 Sek./Stufe 6** schaumig rühren.
- In Gläser füllen und sofort servieren.

Tipp: Lecker schmeckt der Eiskaffee auch, wenn Sie Mandeldrink verwenden. Da dieser weniger Kalorien als Kuhmilch enthält, können Sie sich noch 1 EL Mandelmus dazu gönnen.

Nährwerte: 150 kcal, 20 g KH, 6 g E, 4 g F

▶ *Wassermelonen-Slushie*

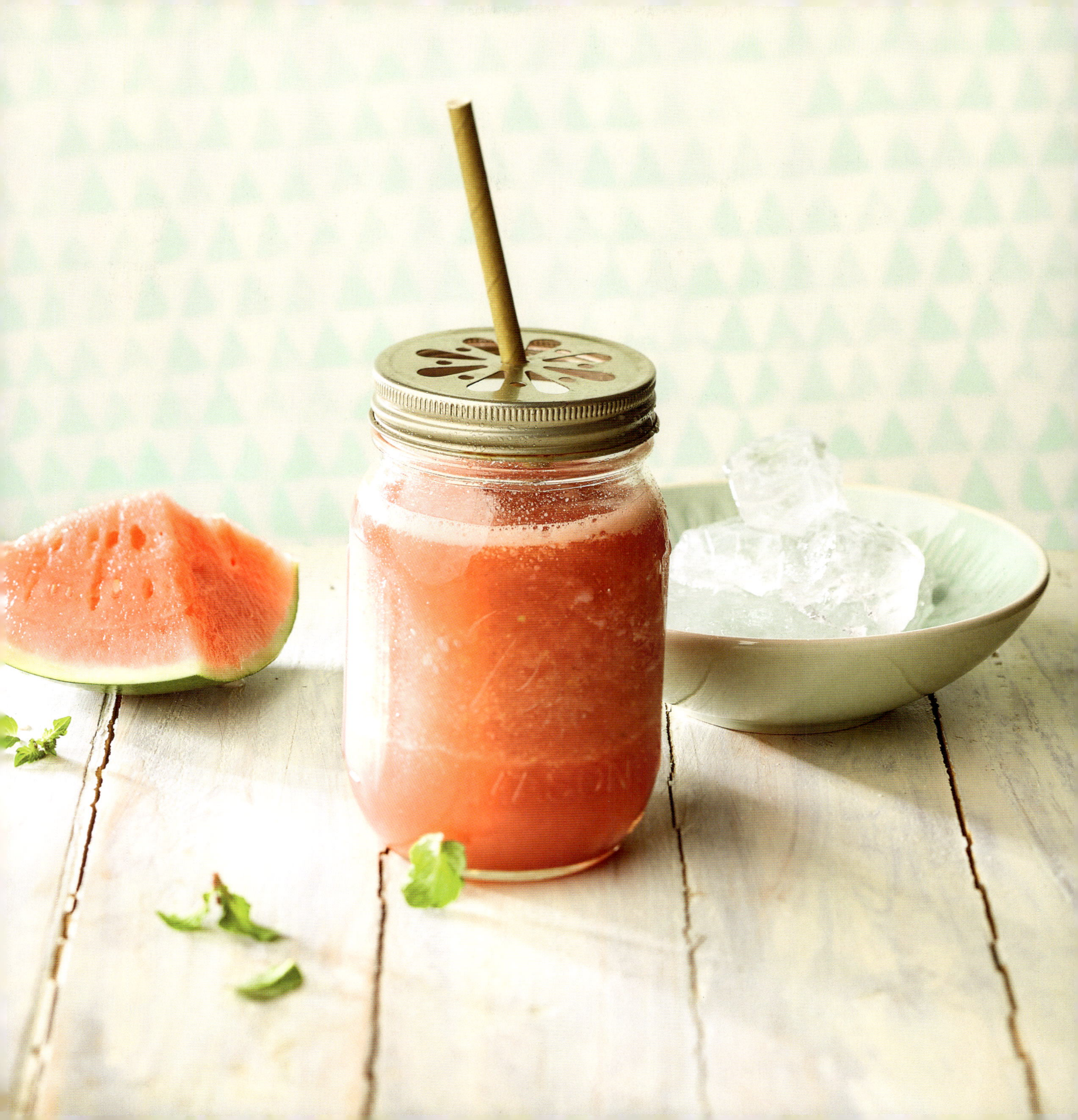

REZEPT- UND ZUTATENVERZEICHNIS

A
Ananas
– Exotic Smoothie 39
Äpfel
– Apfel-Curry-Suppe 43
– Apfel-Pancakes 100
– Apfel-Pflaumen-Muffins 92
– Apfel-Quark-Aufstrich 111
– Apfel-Zimt-Eis 105
– Apfel-Zimt-Muffins 26
– Blumenkohl-Nuss-Salat 55
– Flammkuchen mit Kürbis und Apfel 67
– Grüne Smoothie-Bowl 38
– Kürbis-Apfel-Konfitüre 30
– Mandel-Himbeer-Smoothie 38
– Overnight Bircher Müsli 40
– Rote-Bete-Salat 52
Aprikosen
– Aprikosen-Orangen-Konfitüre 114
– Curry-Aprikosen-Aufstrich 111
Asia-Spargelsuppe 49
Asiatisches Fischcurry 84

B
Bananen
– Apfel-Zimt-Eis 105
– Bananen-Kaffee-Smoothie 39
– Grüne Smoothie-Bowl 38
– Haferflocken-Bananen-Cookies 96
– Mandel-Himbeer-Smoothie 38
– Overnight Bircher Müsli 40
– Rucola-Bananen-Smoothie 38
Bärlauch
– Bärlauchquark 26
– Bärlauchsuppe 45
Bauernsalat mit Tofu 54

Beeren
– Beeren-Smoothie 39
– Brombeer-Schneckenkuchen 92
– Erdbeer-Feigen-Konfitüre 114
– Erdbeer-Quark-Creme 32
– Himbeer-Softeis 105
– Kaffee-Heidelbeer-Creme 102
– Kokos-Himbeer-Makronen 91
– Mandel-Himbeer-Smoothie 38
– Pfirsich-Kokos-Porridge 40
– Rote Grütze 104
– Schoko-Erdbeer-Torte 98
– Schoko-Erdbeer-Whoopies 94
Berliner aus dem Backofen 97
Birnen
– Rotkohl-Birnen-Salat 52
Blumenkohl
– Blumenkohl-Kokos-Curry 59
– Blumenkohl-Nuss-Salat 55
– Quinoa-Gemüse-Topf 70
Brokkoli
– Möhren-Brokkoli-Salat 56
– Quinoa-Gemüse-Topf 70
Brombeeren
– Beeren-Smoothie 39
– Brombeer-Schneckenkuchen 92
Brötchen
– Hack-Muffins 80
– Königsberger Klopse 76
– Spinatknödel 60
Bulgur
– Sommerlicher Bulgursalat 56
Buttermilch
– Apfel-Pflaumen-Muffins 92
– Apfel-Zimt-Muffins 26

C
Chia-Schokopudding 105
Couscous-Bratlinge 68
Curry-Aprikosen-Aufstrich 111
Currysauce 118

D
Dattel-Orangen-Creme 112
Dickmilch
– Zitronen-Dickmilch 102

E
Eier
– Apfel-Pancakes 100
– Eier in Kräuter-Senf-Sauce 60
– Forellen-Ei-Aufstrich 108
– Kokos-Himbeer-Makronen 91
– Lachs-Ei-Muffins 34
– Pancakes 32
– Schoko-Erdbeer-Torte 98
– Thunfisch-Ei-Aufstrich 26
– Tomaten-Basilikum-Omelett 30
– Vanillesauce 130
– Zucchini-Pfannkuchenrollen 70
Eisbergsalat mit Gemüsedressing 56
Eiskaffee 132
Erdbeeren
– Erdbeer-Feigen-Konfitüre 114
– Erdbeer-Quark-Creme 32
– Erdbeersauce 130
– Schoko-Erdbeer-Torte 98
– Schoko-Erdbeer-Whoopies 94
Exotic Smoothie 39

F
Feigen
– Erdbeer-Feigen-Konfitüre 114
Fisch
– Asiatisches Fischcurry 84
– Fisch-Gemüse-Spieße mit Senf-Hollandaise 87
– Forellen-Ei-Aufstrich 108
– Gurken-Lachs-Topf 88
– Lachs-Crostini 88
– Lachs-Ei-Muffins 34
– Mediterrane Fischsuppe 46
– Thunfisch-Buletten 84
– Thunfisch-Ei-Aufstrich 26
– Thunfisch-Tomaten-Risotto 88
– Thunfisch-Tomaten-Salat 52
Fischsuppe, mediterrane 46
Flammkuchen mit Kürbis und Apfel 67
Fleisch
– Asia-Spargelsuppe 49
– Grünes Thai-Curry 76
– Hackbällchen mit Paprikabulgur 74
– Hack-Muffins 80
– Hähnchenfrikadellen 79
– Italienischer Lendentopf 80
– Königsberger Klopse 76
– Kürbis-Bolognese 79
– Putengulasch in Senfsauce 80
– Putenschnitzel mit Basilikumkruste 73
Forellen-Ei-Aufstrich 108
Frankfurter Grüne Sauce 124
Frischkäse
– Bärlauchsuppe 45
– Curry-Aprikosen-Aufstrich 111
– Dattel-Orangen-Creme 112

REZEPT- UND ZUTATENVERZEICHNIS

– Radieschen-Kresse-Aufstrich 107
– Schoko-Erdbeer-Whoopies 94
Fruchties 96

G
Garnelen
– Mediterrane Fischsuppe 46
– Pasta mit Chiligarnelen 85
– Zucchini-Pistazien-Suppe mit Garnelen 46
Geflügel
– Asia-Spargelsuppe 49
– Grünes Thai-Curry 76
– Hähnchenfrikadellen 79
– Putengulasch in Senfsauce 80
– Putenschnitzel mit Basilikumkruste 73
Gemüse-Crostini 67
Gemüsesauce »Allerlei« 118
Getreide
– Berliner aus dem Backofen 97
– Couscous-Bratlinge 68
– Flammkuchen mit Kürbis und Apfel 67
– Graupen-Gemüsesuppe 50
– Hackbällchen mit Paprikabulgur 74
– Kernige Kerle 34
– Kürbis-Dinkel-Puffer 68
– Möhren-Zucchini-Brot 25
– Quinoa-Gemüse-Topf 70
– Rosinen-Quark-Brötchen 31
– Sommerlicher Bulgursalat 56
– Vollkorn-Dinkelhörnchen 29
Gewürz-Chai 128
Granatapfel-Milchreis, orientalischer 100
Graupen-Gemüsesuppe 50
Gurken
– Bauernsalat mit Tofu 54
– Gurken-Lachs-Topf 88

H
Hackfleisch
– Hackbällchen mit Paprikabulgur 74
– Hack-Muffins 80
– Königsberger Klopse 76
– Kürbis-Bolognese 79
Haferflocken
– Apfel-Zimt-Muffins 26
– Haferflocken-Bananen-Cookies 96
– Müsliriegel 31
– Pfirsich-Kokos-Porridge 40
Hähnchenfrikadellen 79
Heidelbeeren
– Beeren-Smoothie 39
– Kaffee-Heidelbeer-Creme 102
Himbeeren
– Himbeer-Chia-Aufstrich 114
– Himbeer-Dressing 125
– Himbeer-Softeis 105
– Kokos-Himbeer-Makronen 91
– Mandel-Himbeer-Smoothie 38
– Pfirsich-Kokos-Porridge 40
Honigmelone
– Honigmelone mit Kokosquark 102
Honig-Senf-Dressing 126

J
Joghurt
– Beeren-Smoothie 39
– Erdbeer-Quark-Creme 32
– Frankfurter Grüne Sauce 124
– Honig-Senf-Dressing 126
– Mandarinen-Vanille-Creme 112
– Orangen-Joghurt-Eis 104
– Overnight Bircher Müsli 40
– Thunfisch-Ei-Aufstrich 26
– Vollkorn-Dinkelhörnchen 29
– Zitronen-Pistazien-Creme 112

K
Kaffee
– Bananen-Kaffee-Smoothie 39
– Eiskaffee 132
– Kaffee-Heidelbeer-Creme 102
– Latte macchiato 32
Kartoffeln
– Bärlauchsuppe 45
– Eier in Kräuter-Senf-Sauce 60
– Kürbis-Dinkel-Puffer 68
– Rinder-Kartoffel-Topf 79
Käse
– Gemüse-Crostini 67
– Gemüsesauce »Allerlei« 118
– Käse-Paprika-Salat 54
– Rucola-Tomaten-Aufstrich 108
– Schinken-Käse-Aufstrich 111
– Zucchini-Pfannkuchenrollen 70
Käsekuchen im Glas 97
Kernige Kerle 34
Kernige Schokobällchen 96
Kirschen
– Rote Grütze 104
Kohl
– Klassischer Krautsalat 55
– Rotkohl-Birnen-Salat 52
Kohlrabi
– Blumenkohl-Nuss-Salat 55
– Spinat-Kohlrabi-Suppe 49
Kokos
– Asiatisches Fischcurry 84
– Blumenkohl-Kokos-Curry 59
– Grünes Thai-Curry 76
– Honigmelone mit Kokosquark 102
– Kokos-Himbeer-Makronen 91
– Kürbis-Kokos-Suppe mit Mango 49
– Low-Carb-Müsli 29
– Pfirsich-Kokos-Porridge 40
– Rote-Linsen-Kokos-Suppe 50
– Spinatsauce 125

Königsberger Klopse 76
Krabben
– Krabben-Tomaten-Nudeln 85
Kräuter
– Eier in Kräuter-Senf-Sauce 60
– Frankfurter Grüne Sauce 124
– Lachs-Crostini 88
– Radieschen-Kresse-Aufstrich 107
– Sommerlicher Bulgursalat 56
– Wassermelonen-Slushie 132
Krautsalat, klassischer 55
Kürbis
– Flammkuchen mit Kürbis und Apfel 67
– Kürbis-Apfel-Konfitüre 30
– Kürbis-Bolognese 79
– Kürbis-Dinkel-Puffer 68
– Kürbis-Kokos-Suppe 49
– Kürbispesto 117

L
Lachs
– Gurken-Lachs-Topf 88
– Lachs-Crostini 88
– Lachs-Ei-Muffins 34
Latte macchiato 32
Lauch
– Graupen-Gemüsesuppe 50
Lendentopf, italienischer 80
Linsen
– Rote-Linsen-Bolognese 64
– Rote-Linsen-Kokos-Suppe 50
Low-Carb-Müsli 29

M
Mandarinen-Vanille-Creme 112
Mandeln
– Fruchties 96
– Kernige Schokobällchen 96
– Kürbispesto 117
– Mandel-Himbeer-Smoothie 38
– Müsliriegel 31

REZEPT- UND ZUTATENVERZEICHNIS

- Rüblikuchen im Glas 94

Mangos
- Exotic Smoothie 39
- Kürbis-Kokos-Suppe 49

Matcha-Milch 128

Milch
- Bananen-Kaffee-Smoothie 39
- Berliner aus dem Backofen 97
- Eiskaffee 132
- Gewürz-Chai 128
- Latte macchiato 32
- Matcha-Milch 128
- Pancakes 32
- Schokoladensauce 130
- Tomaten-Basilikum-Omelett 30
- Vanillesauce 130
- Zucchini-Pfannkuchenrollen 70

Möhren
- Blumenkohl-Nuss-Salat 55
- Couscous-Bratlinge 68
- Eisbergsalat mit Gemüsedressing 56
- Gemüse-Crostini 67
- Graupen-Gemüsesuppe 50
- Grüne Smoothie-Bowl 38
- Klassischer Krautsalat 55
- Mediterrane Fischsuppe 46
- Möhren-Brokkoli-Salat 56
- Möhrensuppe mit Pesto 45
- Möhren-Zucchini-Brot 25
- Rinder-Kartoffel-Topf 79
- Rote-Bete-Salat 52
- Rüblikuchen im Glas 94

Müsliriegel 31

N

Nektarinen
- Exotic Smoothie 39

Nudeln
- Krabben-Tomaten-Nudeln 85
- One Pot Pasta mit Tomaten 64
- Pasta mit Chiligarnelen 85

Nüsse
- Blumenkohl-Nuss-Salat 55
- Fruchties 96
- Low-Carb-Müsli 29
- Müsliriegel 31

O

One Pot Pasta mit Tomaten 64

Orangen
- Aprikosen-Orangen-Konfitüre 114
- Orangen-Joghurt-Eis 104

Overnight Bircher Müsli 40

P

Pancakes 32

Paprika
- Bauernsalat mit Tofu 54
- Eisbergsalat mit Gemüsedressing 56
- Fisch-Gemüse-Spieße mit Senf-Hollandaise 87
- Hackbällchen mit Paprikabulgur 74
- Hack-Muffins 80
- Käse-Paprika-Salat 54
- Ketchup 120

Pasta mit Chiligarnelen 85

Pfirsiche
- Pfirsich-Kokos-Porridge 40

Pflaumen
- Apfel-Pflaumen-Muffins 92
- Zwetschgenmus 30

Pilze
- Gemüse-Crostini 67
- Gemüsesauce »Allerlei« 118
- Pilzsauce 124
- Putengulasch in Senfsauce 80

Pistazien
- Zitronen-Pistazien-Creme 112
- Zucchini-Pistazien-Suppe mit Garnelen 46

Putengulasch in Senfsauce 80
Putenschnitzel mit Basilikumkruste 73

Q

Quark
- Apfel-Quark-Aufstrich 111
- Apfel-Zimt-Eis 105
- Bärlauchquark 26
- Brombeer-Schneckenkuchen 92
- Erdbeer-Quark-Creme 32
- Honigmelone mit Kokosquark 102
- Kaffee-Heidelbeer-Creme 102
- Käsekuchen im Glas 97
- Mandarinen-Vanille-Creme 112
- Rosinen-Quark-Brötchen 31
- Schinken-Käse-Aufstrich 111
- Schoko-Erdbeer-Torte 98
- Schoko-Erdbeer-Whoopies 94

Quinoa
- Quinoa-Gemüse-Topf 70

R

Radieschen-Kresse-Aufstrich 107

Reis
- Orientalischer Granatapfel-Milchreis 100
- Thunfisch-Tomaten-Risotto 88

Rindfleisch
- Rinder-Kartoffel-Topf 79

Rosinen-Quark-Brötchen 31

Rote-Bete
- Rote-Bete-Salat 52

Rote Grütze 104
Rote-Linsen-Bolognese 64
Rote-Linsen-Kokos-Suppe 50
Rotes Pesto all'arrabiata 117
Rotkohl-Birnen-Salat 52
Rüblikuchen im Glas 94

Rucola
- Rucola-Bananen-Smoothie 38
- Rucola-Tomaten-Aufstrich 108

S

Schinken-Käse-Aufstrich 111

Schokolade
- Chia-Schokopudding 105
- Kernige Schokobällchen 96
- Schoko-Erdbeer-Torte 98
- Schoko-Erdbeer-Whoopies 94
- Schokoladensauce 130

Schweinefleisch
- Italienischer Lendentopf 80

Sellerie
- Graupen-Gemüsesuppe 50

Smoothie-Bowl, grüne 38
Sommerlicher Bulgursalat 56

Spargel
- Grünes Spargelpesto 117

Spargelpesto, grünes 117

Spinat
- Grüne Smoothie-Bowl 38
- Spinatknödel 60
- Spinat-Kohlrabi-Suppe 49
- Spinatsauce 125

Süßkartoffeln
- Kürbis-Kokos-Suppe mit Mango 49
- Möhrensuppe mit Pesto 45

T

Thai-Curry, grünes 76

Thunfisch
- Thunfisch-Buletten 84
- Thunfisch-Ei-Aufstrich 26
- Thunfisch-Tomaten-Risotto 88
- Thunfisch-Tomaten-Salat 52

Tofu
- Bauernsalat mit Tofu 54

Tomaten
- Bauernsalat mit Tofu 54

REZEPT- UND ZUTATENVERZEICHNIS

- Eisbergsalat mit Gemüsedressing 56
- Gemüsesauce »Allerlei« 118
- Ketchup 120
- Krabben-Tomaten-Nudeln 85
- Kürbis-Bolognese 79
- Mediterrane Fischsuppe 46
- One Pot Pasta mit Tomaten 64
- Putenschnitzel mit Basilikumkruste 73
- Rinder-Kartoffel-Topf 79
- Rote-Linsen-Bolognese 64
- Rotes Pesto all'arrabiata 117
- Rucola-Tomaten-Aufstrich 108
- Sommerlicher Bulgursalat 56
- Thunfisch-Tomaten-Salat 52
- Tomaten-Basilikum-Omelett 30
- Tomatensauce 120
- Tomaten-Vinaigrette 126

Trockenfrüchte
- Currysauce 118
- Dattel-Orangen-Creme 112
- Fruchties 96

V
Vanillesauce 130
Vollkorn-Dinkelhörnchen 29

W
Wassermelonen-Slushie 132

Z
Zitronen
- Zitronen-Dickmilch 102
- Zitronen-Pistazien-Creme 112

Zucchini
- Fisch-Gemüse-Spieße mit Senf-Hollandaise 87
- Gemüse-Crostini 67
- Gemüsesauce »Allerlei« 118
- Möhren-Zucchini-Brot 25
- Zucchini-Pfannkuchenrollen 70
- Zucchini-Pistazien-Suppe mit Garnelen 46

Zwetschgenmus 30

IMPRESSUM

Bibliografische Information der Deutschen Nationalbibliothek
Die Deutsche Nationalbibliothek verzeichnet diese Publikation in der Deutschen Nationalbibliografie; detaillierte bibliografische Daten sind im Internet über http://dnb.d-nb.de abrufbar.

Programmplanung: Uta Spieldiener
Redaktion: Bettina Snowdon
Bildredaktion: Christoph Frick, Nadja Giesbrecht

Layoutkonzeption: Gramisci Editorialdesign, München

Bildnachweis:
Coverfoto und alle Rezeptfotos im Innenteil: Meike Bergmann, Berlin
Footstyling: Caroline Franke, Berlin
Fotos im Innenteil: Getty Images/Westend 61: S. 11 (oben rechts)
Foto der Autorin: Michele Kugelmann

1. Auflage 2017

© 2017 TRIAS Verlag in Georg Thieme Verlag KG, Rüdigerstraße 14, 70469 Stuttgart

Printed in Germany

Satz und Repro: Fotosatz Buck, Kumhausen
gesetzt in: Adobe InDesign, CS6
Druck: AZ Druck und Datentechnik GmbH, Kempten

Gedruckt auf chlorfrei gebleichtem Papier

ISBN 978-3-432-10475-1   1 2 3 4 5 6

Auch erhältlich als E-Book:
eISBN (PDF)   978-3-432-10476-8
eISBN (ePub)   978-3-432-10477-5

Wichtiger Hinweis: Wie jede Wissenschaft ist die Medizin ständigen Entwicklungen unterworfen. Forschung und klinische Erfahrung erweitern unsere Erkenntnisse. Ganz besonders gilt das für die Behandlung und die medikamentöse Therapie. Bei allen in diesem Werk erwähnten Dosierungen oder Applikationen, bei Rezepten und Übungsanleitungen, bei Empfehlungen und Tipps dürfen Sie darauf vertrauen: Autoren, Herausgeber und Verlag haben große Sorgfalt darauf verwandt, dass diese Angaben dem Wissensstand bei Fertigstellung des Werkes entsprechen. Rezepte werden gekocht und ausprobiert. Übungen und Übungsreihen haben sich in der Praxis erfolgreich bewährt.

Eine Garantie kann jedoch nicht übernommen werden. Eine Haftung des Autors, des Verlags oder seiner Beauftragten für Personen-, Sach- oder Vermögensschäden ist ausgeschlossen.

Geschützte Warennamen (Warenzeichen®) werden nicht besonders kenntlich gemacht. Aus dem Fehlen eines solchen Hinweises kann also nicht geschlossen werden, dass es sich um einen freien Warennamen handelt.

Das Werk, einschließlich aller seiner Teile, ist urheberrechtlich geschützt. Jede Verwertung außerhalb der engen Grenzen des Urheberrechtsgesetzes ist ohne Zustimmung des Verlags unzulässig und strafbar. Das gilt insbesondere für Vervielfältigungen, Übersetzungen, Mikroverfilmungen und die Einspeicherung und Verarbeitung in elektronischen Systemen.

Es wird klargestellt, dass der Verlag keine rechtsgeschäftliche Beziehung zu der Firma Vorwerk unterhält.

LIEBE LESERIN, LIEBER LESER,

hat Ihnen dieses Buch weitergeholfen? Für Anregungen, Kritik, aber auch für Lob sind wir offen. So können wir in Zukunft noch besser auf Ihre Wünsche eingehen. Schreiben Sie uns, denn Ihre Meinung zählt!

Ihr TRIAS Verlag

E-Mail-Leserservice
kundenservice@trias-verlag.de

Lektorat TRIAS Verlag
Postfach 30 05 04
70445 Stuttgart
Fax: 0711 89 31-748

Besuchen Sie uns auf facebook!
www.facebook.com/trias.tut.mir.gut

Lassen Sie sich inspirieren!
www.pinterest.com/triasverlag

Jede Diät braucht Basen

Beste Mineralqualität für Energie und Wohlbefinden

BasenCitrate Pur®
Nach Apotheker Rudolf Keil

In jeder Apotheke
PZN: 03755779

6 Qualitäts-Vorteile
- Viel Magnesium
- Viel Vitamin D3
- Keine Süßstoffe
- Keine Kohlenhydrate
- Kein Natrium
- Keine Carbonate

Gibt zurück, was der Alltag Dir nimmt.

Jede Diät führt zum Abbau von Körperfett. Das ist sehr gut, bedeutet für den Organismus aber auch eine erhöhte Säurebelastung. Deshalb ist es während einer Diät besonders wichtig, auf eine basenreiche Ernährung zu achten. **BasenCitrate Pur** unterstützt Sie dabei.

Die besondere Zusammensetzung von **BasenCitrate Pur** wurde nach vielen Überlegungen und Gesprächen mit Wissenschaftlern entwickelt. Bei unausgewogener Ernährung kann **BasenCitrate Pur** den Stoffwechsel in besonderen Belastungsphasen wie Diät, Fastenkur, Sport oder Stress nachweislich entlasten.

Wirkungsvolle Tagesdosis: 360 mg Magnesium · 600 mg Kalium · 20 µg Vitamin D3 · 5 mg Zink · 260 mg Calcium

www.basencitrate.de
Wie sauer sind Sie? Einfach online testen!

Auf unserer Website www.basencitrate.de finden Sie neben dem Säure-Test auch vertiefende Informationen zum Säure-Basen-Haushalt. Dazu wertvolle Tipps und Rezepte für eine basenreiche Ernährung und Wissenswertes rund um die Themen Diät und Bewegung.

Die Teststreifen von **BasenCitrate Pur** gibt es in der Apotheke. 26 Harn-pH-Wert-Teststreifen, PZN: 2067497

Besuchen Sie uns auf **facebook**

Svetlana Hartig
Kochen mit dem Thermomix –
Rezepte für kleine Kinder
€ 19,99 [D] / € 20,60 [A]
ISBN 978-3-432-10186-6

Svetlana Hartig
Kochen mit dem Thermomix –
Das Familienkochbuch
€ 19,99 [D] / € 20,60 [A]
ISBN 978-3-432-10317-4

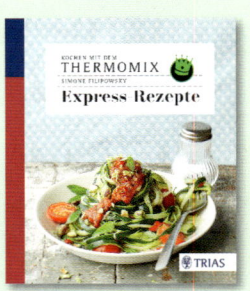

Simone Filipowsky
Kochen mit dem Thermomix –
Expressrezepte
€ 14,99 [D] / € 15,50 [A]
ISBN 978-3-432-10478-2

Ursula Summ
Kochen mit dem Thermomix –
Trennkost
€ 19,99 [D] / € 20,60 [A]
ISBN 978-3-432-10100-2

Bequem bestellen über
www.trias-verlag.de
versandkostenfrei
innerhalb Deutschlands

… mehr Thermomix-Rezepte

Bettina Köhler
**Kochen mit dem Thermomix –
Suppenglück**
€ 14,99 [D] / € 15,50 [A]
ISBN 978-3-432-10481-2

Svetlana Hartig
**Kochen mit dem Thermomix –
Vegetarisch**
€ 19,99 [D] / € 20,60 [A]
ISBN 978-3-432-10484-3

Dunja Rieber
**Kochen mit dem Thermomix –
Low Carb**
€ 19,99 [D] / € 20,60 [A]
ISBN 978-3-432-10314-3

Alle Titel auch als E-Book

Wissen, was gut tut. **TRIAS**

GLÜCKS COACH

Entdecke Dich selbst!

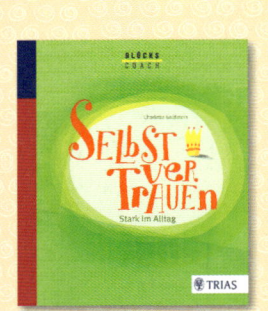

Charlotte Goldstein
Glückscoach: Selbstvertrauen
€ 12,99 [D] / € 13,40 [A]
ISBN 978-3-432-10189-7

Regina Tödter
Glückscoach: Entschleunigen
€ 12,99 [D] / € 13,40 [A]
ISBN 978-3-432-10069-2

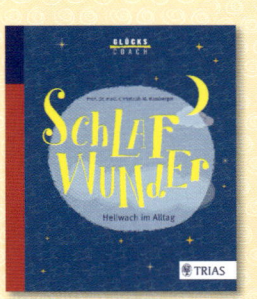

Christoph M. Bamberger
Glückscoach: Schlafwunder
€ 12,99 [D] / € 13,40 [A]
ISBN 978-3-432-10436-2

Matthias Ennenbach
Glückscoach: Achtsam werden
€ 12,99 [D] / € 13,40 [A]
ISBN 978-3-432-10299-3

Alle Titel auch als E-Book

Bequem bestellen über
www.trias-verlag.de
versandkostenfrei
innerhalb Deutschlands

Wissen, was gut tut. **TRIAS**

Stress aus – Entspannung an

▸ **FINDEN SIE IHRE BALANCE**

Halten Sie einen Moment lang inne und horchen Sie in sich hinein! Gönnen Sie Ihrem Körper und Ihrer Seele eine kleine Pause.

Norbert Fessler
Rasant entspannt
€ 9,99 [D] / € 10,30 [A]
ISBN 978-3-8304-6669-7

Eliane Zimmermann
Aromatherapie für Sie
€ 19,99 [D] / € 20,60 [A]
ISBN 978-3-432-10147-7

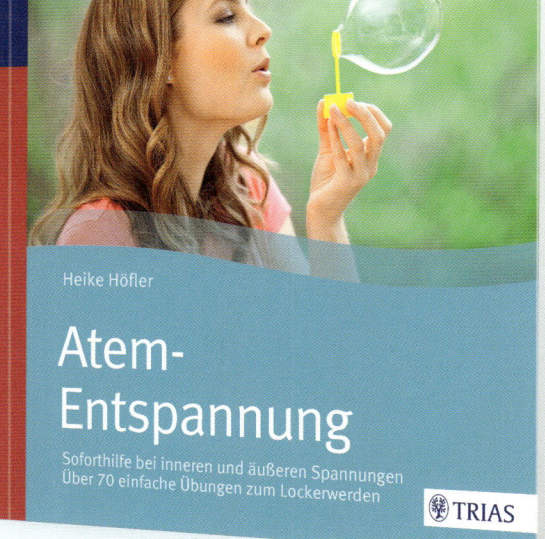

Heike Höfler
Atementspannung
€ 14,99 [D] / 15,50 [A]
ISBN 978-3-8304-8200-0
Alle Titel auch als E-Book

Bequem bestellen über
www.trias-verlag.de
versandkostenfrei
innerhalb Deutschlands

Wissen, was gut tut. **TRIAS**